大学生心理健康教育导学与实践

■主　编　罗　浩　邓敏子　张华芸
■副主编　陈包明　张　琪　邵　佳

同濟大學出版社
TONGJI UNIVERSITY PRESS
·上海·

内 容 提 要

本书是江西省教育厅、江西省高校心理健康教育专业委员会组织编写的《大学生心理健康教育教程》的配套实践教材，内容参考了中华人民共和国教育部《普通高等学校学生心理健康教育课程教学基本要求》，符合时代的需求。本书系统阐述大学生心理健康教育的相关知识及实践应用，旨在为大学生提供心理健康的指导，本书分为十二章，主要内容包括大学生心理健康导论、大学生心理适应、大学生自我意识、大学生人格发展、大学生生涯规划、大学生学习心理、大学生情绪管理、大学生人际交往、大学生的爱情与性心理、大学生压力管理与挫折应对及大学生网络成瘾等方面的相关理论与实践活动，每一章后配有习题演练部分，供学生巩固知识。此外，本书将中华优秀传统文化与心理健康相结合，在实践活动部分引用《大学》相关内容，培养学生的道德情操。

本书既可作为高职院校大学生心理健康教育课程的实践教材，也可作为心理专业相关人员的参考书和学习材料。

图书在版编目(CIP)数据

大学生心理健康教育导学与实践 / 罗浩，邓敏子，张华芸主编. --上海：同济大学出版社，2024.6.
ISBN 978-7-5765-1242-7

Ⅰ. G444

中国国家版本馆 CIP 数据核字第 2024JA2703 号

大学生心理健康教育导学与实践

主编 罗 浩 邓敏子 张华芸

责任编辑 任学敏 **助理编辑** 竺奕辰 **责任校对** 徐春莲 **封面设计** 渲彩轩

出版发行 同济大学出版社 www.tongjipress.com.cn
(地址：上海市四平路 1239 号 邮编：200092 电话：021-65985622)

经　销 全国各地新华书店
排　版 南京文脉图文设计制作有限公司
印　刷 上海叶大印务发展有限公司
开　本 787mm×1092mm 1/16
印　张 13
字　数 248 000
版　次 2024 年 6 月第 1 版
印　次 2024 年 6 月第 1 次印刷
书　号 ISBN 978-7-5765-1242-7

定　价 49.80 元

前言

党的二十大报告明确提出，要“重视心理健康和精神卫生”。近年来，大学生心理健康问题引起了全社会的普遍关切，全国各高校对大学生心理健康教育的重视程度也与日俱增。但是，大学生整体产生的心理健康问题数量仍然呈上升态势，厌学、焦虑、抑郁等情况并不鲜见。《2022 年大学生心理健康状况调查报告》显示，21.48%的大学生存在抑郁风险，45.28%的大学生存在焦虑风险，高校心理育人工作仍然面临艰巨挑战。

中共中央办公厅、国务院办公厅印发的《关于实施中华优秀传统文化传承发展工程的意见》(国务院公报 2017 年第 6 号)指出，“推动高校开设中华优秀传统文化必修课，在哲学社会科学及相关学科专业和课程中增加中华优秀传统文化的内容”。2018 年中共教育部党组印发的《高等学校学生心理健康教育指导纲要》(简称《纲要》)的出台，进一步明确了高校心理健康教育工作的发展脉络，尤其将推进知识教育列为主要任务之首，并明确提出了健全心理健康教育课程体系、完善心理健康教育教材体系、创新心理健康教育教学手段等要求。这为本书的编写提供了明确的方向。

心理健康是大学生全面发展的重要组成部分，也是全面建成社会主义现代化强国的必然要求。为更好地引导大学生走向健康、积极、向上的人生道路，《大学生心理健康教育导学与实践》在党的二十大精神的指引下，紧密结合中华优秀传统文化，以儒家修身之道为借鉴，着力塑造学生的良好心理健康素养。

首先，中华优秀传统文化中的儒家修身之道为本书提供了深厚的文化基础。儒家强调“修身齐家治国平天下”，这一理念与心理健康教育的核心观念相契合。本书强调学生在追求个人心理健康的同时，也应注重家庭和社会的和谐发展。本书通过在实践活动中引用《大学》相关内容，融入儒家思想的精髓，培养学生正确的人生观和价值观，使其在促进心理健康的道路上更加自信与坚韧，为社会的和谐发展作出积极贡献。

其次，本书通过情感管理等实践活动，帮助学生培养积极向上的态度，提高学生认知自我和应对困难的能力，使学生在实际操作中能够更好地提升其心理健康水平。

最后，本书充分考虑党的二十大对心理健康教育课程和思想政治教育的要求，注重将科学社会主义等内容融入课堂实践，使学生既受到中华优秀传统文化的熏陶，又能够践行社会主义核心价值观，实现个体与社会的和谐统一。

综上所述，《大学生心理健康教育导学与实践》以实践为主导，全面培养大学生的心理健康素养，助力他们在成长过程中更好地面对生活的挑战，最大化地实现全面发展和自身价值。

本书主编为罗浩、邓敏子、张华芸，副主编为陈包明、张琪、邵佳，参编人员有陈以洁、王琤、刘然然、孙忱。陈包明老师现为华南理工大学在读博士研究生，其他老师均任职于江西信息应用职业技术学院。

具体编写分工如下：第一、二、五章的理论部分由罗浩编写，第三、六章的理论部分由张华芸编写，第四、七、八、十章的理论部分由张琪编写，第九、十一、十二章的理论部分由邵佳编写。第二、三、四、六、八、九章的实践部分由邓敏子编写，第一、五、七、十、十一、十二章的实践部分由陈包明编写。

本书的编写是一个艰辛而漫长的探索过程，其实际效果需要经过实践的进一步检验。本书是江西省教育厅、江西省高校心理健康教育专业委员会组织编写的《大学生心理健康教育教程》的配套实践教材，我们期待本书能够在江西省各高校得到积极推广和选用。我们诚挚期望各位教育工作者能够积极总结使用本书的经验，提出宝贵的修改意见和建议，以使本书不断完善和提高。

您的反馈对我们至关重要。如果您在使用本书的过程中有任何意见、建议或者需要进一步的帮助，敬请将您的反馈发送至邮箱 dengminzi@qq. com。我们将倍感珍惜，并会认真阅读每一位读者的反馈，以确保本书能够更好地服务于大学生心理健康教育的实际需求。感谢您对本书的支持，期待通过共同的努力，使本书更符合时代潮流，更好地满足学生的需求，为大学生的心理健康教育事业贡献更多的力量。

编者

2024 年 1 月

目录

第一章 阳光照进心灵

——大学生心理健康导论

学习目标

通过学习了解心理健康知识、大学生心理健康的标准，树立正确的心理健康观念，能够自主调整心理状态，维护自身心理健康；了解常见的大学生心理困惑和心理问题；了解心理咨询的基本概念和功能、心理咨询的内容与类型，建立正确的心理咨询观念以及自主求助的意识。

学习内容

一、大学生心理活动的特点

(一) 什么是心理

1. 心理过程

心理过程是外界事物在人脑中的主观反映，是人们经常发生的心理活动，比如感觉、记忆、想象、情感等。

2. 个性心理

个性心理是指个体在心理活动中的独特性，包括个体认知、情感和意志的独特性。

(二) 大学生的心理特点

1. 自我意识逐步增强但发展不成熟

大学生的自我意识在发展过程中虽然有所增强，但由于认知能力的发展不协调，可能会出现自我意识不成熟的现象。

2. 情感体验日益丰富但情绪波动较大

大学生的情感体验日益丰富，但由于情绪的波动较大，可能会出现情绪管理的问题。

3. 容易接受新的事物但辨别真伪的能力相对缺乏

大学生思维活跃，接受能力强，但由于缺乏客观辨别能力，可能会过快接受新的事物，而无法辨别其真伪。

4. 性意识觉醒但处理相关问题的知识、能力却较为欠缺

大学生在性意识觉醒的同时，可能会由于欠缺处理相关问题的知识和能力，而面临一些挑战。

5. 智力水平接近顶峰但发展还不成熟

大学生的智力水平已经接近顶峰，但由于思维品质的发展不平衡，可能会出现智力还未发展成熟的现象。

6. 意志力明显增强但不平衡、不稳定

大学生的意志力有所增强，但由于个体发展的不平衡和不稳定，可能会出现意志动摇的问题。

二、大学生的心理健康

（一）健康的“心”观念

健康的“心”观念是指个体对心理健康的正确理解和认识，即个体能够正确评价自己的心理状态，积极面对心理问题。

（二）心理健康状况的分类

1. 心理正常

个体的心理活动和行为符合社会期望和年龄期望，能够适应环境，实现自我价值。

2. 心理异常

个体的心理活动和行为偏离社会期望和年龄期望，不能适应环境，影响自我价值的实现。

（三）大学生心理健康的标准

1. 智力正常

大学生的认知能力、思维能力等达到或超过同龄人的平均水平。

2. 情绪积极稳定

大学生的情感体验和表达基本稳定，能够调节和控制自己的情绪。

3. 意志健全

大学生具有坚定的意志，能够面对困难和挑战，坚持自己的目标和信念。

4. 人格完整

大学生的人格特质和行为方式与社会期望和个人期望相一致，能够实现自我价值。

5. 自我评价恰当

大学生能够正确地认识和评价自己，对自己的优点和不足有清晰的认识。

6. 人际关系和谐

大学生能够建立和维护良好的人际关系，与他人进行有效的交往和沟通。

7. 社会适应良好

大学生能够适应社会环境，符合社会规范，扮演好社会角色。

8. 心理和行为符合年龄特征

大学生的心理活动和行为方式与其所处年龄阶段的特征一致。

三、大学生心理健康的常见问题

（一）学业问题

学业问题是指大学生在学习过程中可能遇到的问题，如学习压力大、学习方法不当、学习效率低下等。

（二）情绪问题

情绪问题是指大学生在情绪管理上可能出现的问题，如情绪波动大、情绪调节困难、情绪反应不当等。

（三）人际关系问题

人际关系问题是指大学生在人际交往中可能遇到的问题，如人际关系紧张、沟通技巧欠缺、人际冲突处理不当等。

（四）情感问题

情感问题是指大学生在情感体验和表达上可能出现的问题，如情感体验不适、情感表达困难、情感反应不当等。

（五）性心理问题

性心理问题是指大学生在性意识觉醒和性行为管理上可能出现的问题，如性知识缺乏、性行为冲动、性问题处理不当等。

（六）生活适应问题

生活适应问题是指大学生在适应生活环境和生活方式上可能出现的问题，如生活习惯不良、生活压力大、生活满意度低等。

四、大学生心理咨询

(一) 心理咨询的概念

心理咨询是一种专业的心理服务，个体通过与心理咨询师的交谈，解决心理问题，提高心理健康水平。

(二) 心理咨询的对象

心理咨询的对象是在生活、学习、工作等方面遇到心理困扰的个体。

(三) 心理咨询的分类

心理咨询可以根据咨询的目标、方法、形式等进行分类，如个体咨询、团体咨询，电话咨询、门诊咨询等。

(四) 心理咨询的准备

心理咨询的准备包括选择合适的咨询师、确定咨询的目标、了解咨询的过程、调整自己的心态等。

生活中的心理学

一、为什么要学习心理学?

心理学是一门研究人类心理现象及其行为活动的科学，涉及多个领域。学习心理学有助于帮助我们认识自己，更好地认识内外世界；有助于我们提升自己，调节和控制自己的情绪和行为，解决学习、工作和生活中遇到的内心困惑，比如学习问题、恋爱问题、人际交往问题等，甚至可以解决由此带来的不良情绪和不良行为等问题。

二、如果我认为我的家人有心理疾病，我该怎么办?

首先，根据心理过程和心理特点的相关理论知识，要学会接受和正确对待这件事情。其次，要了解心理健康状况的分类及心理咨询，并正确面对家人的心理问题。再次，要学习掌握相关心理学知识，提高应对心理问题的能力，正确处理好人际关系，树立自己和家人的信心。最后，注意加强锻炼，保持心态平和，做力所能及的事情。

三、这门课会教给我如何提高成绩吗?

本书涉及学习心理,通过分析学习特点及介绍提高学习能力和学习效率的方法,使学生掌握时间管理的策略,有助于学生提高学习成绩。

四、乐观的人是否都比悲观的人更加健康?

人们普遍认为,乐观的人积极、健康,而悲观的人容易消极、失望,产生不良情绪。但其实,乐观的人并不都比悲观的人更加健康,也就是说悲观带来的并不完全都是负面影响,悲观的人可能会形成“防卫性悲观”,更能实现目标;而乐观的人受到重创时,可能会产生更严重的不良情绪。

五、如何识别心理健康“灰色区”?

心理健康的“灰色区”表明心理和行为表现不健康,但不等于心理不正常。心理状态是一个动态变化的过程,而且心理健康与心理不健康也是连续的状态,心理健康和心理不健康都属于一种正常的心理状态。

一般心理问题主要是生活中遇到的压力或者工作失误等引起的内心冲突,是一种不良情绪。判断标准:这种不良情绪不间断持续 1 个月或者间断持续 2 个月,个体不能自行调整,但能依靠理智控制自己不产生失态行为,基本可以维持正常学习和生活,只是效率下降。

严重心理问题主要是较为强烈的现实因素引起的内心冲突,而且这种内心冲突往往有现实性,或者伴随着道德问题,并带来痛苦情绪。判断标准:心理冲突或者所带来的痛苦情绪间断或者不间断持续 2 个月以上、半年以下,个体能依靠理智控制自己,学习和工作的效率明显下降但不影响社会功能,有时伴有某一方面的人格缺陷。

神经症性心理问题疑似神经症,一般很小的事件都能引起这种心理问题,大多由非现实性或者非道德性的生活事件的刺激引起。个体产生强烈的内心冲突,而且这种冲突反复产生,伴随痛苦的情绪体验,但达不到神经症的标准。判断标准:持续时间至少达到 3 个月,其中有 1 个月的惊恐障碍,个体无法依靠理智控制自己,表现很像神经症或者神经衰弱。神经症性心理问题是神经症的早期阶段。

实践活动

学术启蒙

大学之道，在明明德，在亲民，在止于至善。

——《大学》

心理学研究表明，提高自我修养和完善人格是促进心理健康的重要方面，有助于个体建立积极的人际关系和提高社会适应能力。《大学》不仅涉及道德修养，还深刻地反映了心理学中关于自我修养方面的重要理念。这些理念对于个人的心理健康和全面发展具有重要的指导意义。

一、活动准备

1. 分组

第 1 组：班长选择组员并探讨一个喜欢的组名。

第 2 组：团支部书记选择组员并探讨一个喜欢的组名。

第 3 组：学习委员选择组员并探讨一个喜欢的组名。

第 4 组：心理委员选择组员并探讨一个喜欢的组名。

2. 任务

① 每组学生表演一个情景剧(5 分钟以内)，引出《大学》中与心理学相关的语句(教师会给予参考)，领会如何保持良好心态。

② 每日共学《大学》，学习如何保持心理健康、如何成为一个受欢迎的人。

③ 通过学习不同的中国传统礼仪，每日行一次孝(礼)，领会和谐的人际关系。

④ 学生日行一善，记录每天的成长，培养稳定的情绪。

3. 商定团队规范

请小组成员共同讨论团队规范，并在规定时间内(5 分钟)尽可能多地写出规范，然后每组派代表分享本组规范，并强调保密、守时、尊重、接纳等基本原则。

建立团队规范后请每名成员将规范抄写在相应位置上，并签下自己的名字。

团队规范(不少于 8 条)：

____

____

____

小组成员签名：

二、活动内容

1. 介绍“大风吹”游戏

教师：大风吹。

学生：吹什么？

教师：“吹”具有某一特征的人，比如“戴手表的人”，那么具有这个特征的人就立刻站起来。可以“吹”思政相关元素，也可以“吹”与中华优秀传统文化相关的元素。

2. 探讨传统礼仪对心理的影响

“不学礼，无以立。”——《论语·季氏篇第十六》

“道德仁义，非礼不成；教训正俗，非礼不备；分争辨讼，非礼不决……宦学事师，非礼不亲。班朝治军，莅官行法，非礼威严不行……”——《礼记·曲礼》

现场演示师生礼。

习题演练

一、单选题

1. 一切心理现象都以(　　)为源泉。

A. 主观意愿　　B. 客观现实

C. 他人意愿　　D. 心理活动

2. (　　)是指人脑对客观事物不同方面及其相互关系的反映过程。

A. 情感过程　　B. 意志过程

C. 心理过程　　D. 心理活动

3. 下列不属于心理过程的是(　　)。

A. 认识过程　　B. 情感过程

C. 意志过程　　D. 客观现实

4. 下列哪种心理属于健康心理？(　　)

A. 抑郁情绪　　B. 不愿与人交往
C. 经常感觉自己无能　　D. 遇到困难时能积极克服困难

5. 大学生是一个特殊的群体，衡量大学生心理健康的首要标准为(　　)。
A. 情绪健康　　B. 智力正常　　C. 意志健全　　D. 人格完整

6. 健康的概念是指哪种状态？(　　)
A. 身体健康　　B. 生理无残疾
C. 心理健康　　D. 身心健康

7. (　　)是大学生心理健康的重要标志。
A. 情绪积极稳定　　B. 智力正常
C. 意志健全　　D. 人格完整

8. (　　)是大学生心理健康的核心要素。
A. 情绪积极稳定　　B. 智力正常
C. 意志健全　　D. 人格完整

9. 人的生理和心理发展趋于成熟的关键时期是(　　)。
A. 初中时期　　B. 高中时期
C. 大学时期　　D. 成年期

10. 良好的(　　)是大学生成长与社会化进程中的重要组成部分，也是保持良好心理状态的必备条件。
A. 环境适应　　B. 自我评价
C. 人际关系　　D. 情绪健康

11. 心理咨询的限定时间最好是(　　)。
A. 50 分钟　　B. 20 分钟　　C. 90 分钟　　D. 都可以

12. (　　)是个体从事一切活动的最基本的心理条件。
A. 情绪积极稳定　　B. 智力正常
C. 恰当的自我评价　　D. 人际关系和谐

13. 在认识基础上产生的喜、怒、哀、乐等情绪体验，在心理学上被称为(　　)。
A. 认识过程　　B. 情感过程
C. 意志过程　　D. 学习过程

14. (　　)是指一个人具备正常功能时的心理活动。
A. 心理正常　　B. 心理异常
C. 身体健康　　D. 智力正常

15. 下列属于大学生常见学业问题的是(　　)。
A. 抑郁　　B. 学习目标不明确
C. 内心封闭　　D. 友情困扰

16. 下列不属于大学生常见情绪问题的是(　　)。

A. 抑郁 B. 焦虑 C. 社交不良 D. 情绪失衡

17. 下列不属于心理咨询对象的是(　　)。

A. 精神正常,但遇到了与心理有关的现实问题并请求帮助的人群

B. 精神正常,但心理健康出现问题并请求帮助的人群

C. 临床治愈的精神疾病患者

D. 精神疾病患者

18. 下列不属于心理咨询对象应具备的条件的是(　　)。

A. 具有一定的智力基础 B. 人格基本健全

C. 有交流能力 D. 不信任咨询师

19. 心理现象是宇宙中最复杂的现象之一,表现形式多种多样,但一般可以把它分为心理过程和(　　)两大类。

A. 心理特点 B. 个性心理 C. 情绪过程 D. 认知过程

20. 心理咨询的类型按内容分不包括(　　)。

A. 健康性咨询 B. 发展性咨询 C. 障碍性咨询 D. 门诊咨询

21. 心理咨询按其方式可分为门诊咨询、现场咨询、专栏咨询、电话咨询和(　　)。

A. 健康性咨询 B. 个别咨询 C. 障碍性咨询 D. 互联网咨询

22. 心理咨询师工作的原则之一是(　　)。

A. 替来访者做决定 B. 咨询者没有自主意识

C. 为来访者保密 D. 对来访者的行为做道德判断

23. (　　)是心理健康的重要保证,也是判断大学生心理是否健康的一个重要指标。

A. 意志健全 B. 人际关系和谐

C. 人格完整 D. 恰当的自我评价

24. 下列不属于心理健康标准的是(　　)。

A. 智力正常 B. 情绪积极稳定

C. 意志健全 D. 心理行为不符合年龄特征

25. 下列属于心理不健康的是(　　)。

A. 能控制自己的消极情绪,善于从不良情绪中调整过来

B. 制订适宜的生活目标,能悦纳自己

C. 能克服不良习惯,克制不良欲望

D. 冲动任性,无法控制自己作出适度反应

二、多选题

1. 人的心理是(　　　　)。

A. 人脑的机能 B. 对客观现实的主观反映

C. 大脑被动的反映 D. 一种简单的过程

2. 心理咨询的类型包括(　　　　)。

A. 健康性咨询　　B. 发展性咨询

C. 障碍性咨询　　D. 保密性咨询

3. 心理咨询对象一般应(　　　　)。

A. 有一定的智力水平　　B. 有交流能力

C. 对咨询有一定的信任度　　D. 人格基本健全

4. 通过心理咨询,我们可以在(　　　　)等问题上得到帮助。

A. 学习问题　　B. 情绪压力问题

C. 人际交往问题　　D. 恋爱问题

5. 心理过程包括(　　　　)。

A. 认识过程　　B. 情感过程　　C. 意志过程　　D. 个性心理

6. 发展性咨询的内容包括(　　　　)等。

A. 生涯规划　　B. 个性完善　　C. 素质提升　　D. 婚姻恋爱

7. 以下哪些属于健康性咨询内容?(　　　　)

A. 学业问题　　B. 人际关系问题

C. 情绪问题　　D. 新生适应不良

8. 心理咨询的对象包括(　　　　)。

A. 精神正常,遇到了与心理有关的现实问题并请求帮助的人群

B. 精神异常,心理疾病发作期间的人群

C. 精神正常,但心理出现问题并请求帮助的人群

D. 临床治愈的精神疾病患者

9. 心理现象包括哪几个方面?(　　　　)

A. 心理过程　　B. 个性心理特征

C. 个性倾向性　　D. 个性心理

10. 下列属于大学生心理健康标准的有(　　　　)。

A. 社会适应良好　　B. 人格完整

C. 人际关系和谐　　D. 心理行为符合年龄特征

11. 大学生常见的学业问题有(　　　　)。

A. 学习动力不足　　B. 学习适应不良

C. 学习目标不明确　　D. 学习动机功利化

12. 健康是指哪种状态?(　　　　)

A. 身体健康　　B. 生理无残疾　　C. 心理健康　　D. 财富自由

13. 下列哪种心理是不健康心理?(　　　　)

A. 抑郁情绪　　B. 不愿与人交往

C. 经常感觉自己无能　　D. 遇到困难时,能积极克服困难

14. 下列哪些不是人的生理和心理发展趋于成熟的关键时期？（ ）

A. 初中时期　B. 高中时期　C. 大学时期　D. 成年期

15. 心理咨询按其方式可分为（ ）。

A. 门诊咨询　B. 现场咨询　C. 专栏咨询　D. 电话咨询

16. 下列属于大学生常见情绪问题的有（ ）。

A. 抑郁　B. 焦虑　C. 内心封闭　D. 情绪失衡

17. 下列属于大学生常见人际关系问题的有（ ）。

A. 人际关系不适　B. 社交不良　C. 内心封闭　D. 友情困扰

18. 下列属于大学生情感问题的有（ ）。

A. 爱的困惑　B. 友情困扰　C. 亲情问题　D. 抑郁

19. 下列哪些属于心理咨询者应做好的准备？（ ）

A. 咨询者本人要有心理咨询的意愿

B. 咨询者最好有自主意识

C. 咨询者勿急于追求效果，欲速则不达

D. 理解咨询的时间限定

三、判断题

1. 心理过程相对于个性心理而言，是变化的、暂时性的心理现象。（ ）
2. 意志过程是指受认识的支持与情感的推动，个体有意识地克服内心的障碍与外部的困难而坚持实现预定目标的过程。（ ）
3. 人的个性倾向性是指决定个体对事物的态度和行为的内部动力系统，是具有一定的动力性和不稳定性的心理成分。（ ）
4. 有不健康的心理行为表现等于心理不健康。（ ）
5. 心理健康与心理不健康是泾渭分明的对立面。（ ）
6. 大学生心理健康的基本标准是能够有效地工作、学习和生活。（ ）
7. 心理咨询最一般、最主要的对象，是健康人群或存在心理问题的人群。（ ）
8. 考试焦虑是指因考试压力过大而引发的一系列异常的生理心理现象。（ ）
9. 心理咨询不一定由专业人员来帮助求助者，辅导员和学生之间也可以进行心理咨询。（ ）
10. 心理咨询能解决所有问题。（ ）
11. 心理咨询的对象一定是精神病患者或糟糕的人。（ ）
12. 心理咨询的类型包括健康性咨询、发展性咨询和障碍性咨询。（ ）
13. 心理咨询是由专业人员即心理咨询师运用心理学以及相关知识，遵循心理学原则，通过各种技术和方法，帮助求助者解决心理问题。（ ）
14. 个别咨询是指心理咨询师与求助者之间的一对一单独咨询。（ ）
15. 临床治愈的精神疾病患者不属于心理咨询的对象。（ ）

学、思、践、悟

第二章 新生活，从“心”出发

——大学生心理适应

学习目标

通过学习了解大学生活的特点及大学生适应不良的问题，理解主动进行心理适应的必要性，主动提高自己的心理适应能力，掌握适应大学生活的策略，加快角色的转变，更快适应大学生活。

学习内容

一、大学生活的心理适应

(一) 什么是适应

适应是指个体通过自身调节系统对环境作出积极而能动的反应，使得个体与环境达到平衡状态的过程。在心理健康意义上，适应是一个积极的过程，有助于个体更好地应对压力、保持心理平衡。

(二) 适应的基本类型

1. 消极适应

个体对环境变化产生负面情感，采取不健康的应对方式，如逃避、抱怨、沮丧等。

2. 积极适应

个体能够灵活应对环境变化，保持心理平衡，寻找解决问题的方法，积极面对挑战。

(三) 大学生活的适应任务

1. 适应新的学习环境

适应课程设置、学术要求、学习方法等，提高学业成绩。

2. 适应新的生活环境

熟悉宿舍、饮食、作息时间等，形成良好的生活习惯。

3. 适应新的人际环境

与同学、老师、室友建立良好的人际关系，融入集体。

4. 适应新的管理环境

理解学校规章制度，遵守纪律。

5. 适应新的参照环境

形成正确的价值观、人生观，不盲目追随他人。

6. 适应新的校园文化环境

了解学校的文化传统、活动，融入校园生活。

二、大学生适应不良的问题

（一）大学生适应不良的表现

1. 学习不适应

学业压力大，学习方法不当，成绩下降。

2. 生活环境不适应

不适应宿舍生活，饮食、作息不规律。

3. 人际关系不适应

与同学、室友相处不融洽，孤独感增强。

（二）大学生适应不良的心理成因

1. 同一性危机

大学是个人发展的重要阶段，大学生可能对自我认同、角色定位产生困惑。

2. 心理压力超载

学业压力、人际压力、自我期望过高等因素导致心理负担过重。

3. 自我调节暂时失效

无法自我调节，难以应对挑战，缺乏有效的应对策略。

4. 社会支持缺乏

缺乏家庭、朋友、老师的支持和理解。

三、改善适应不良的策略

（一）改进生活方式，树立人生目标

1. 培养健康的习惯

培养健康的生活习惯，保持良好的作息。

2. 设定目标

明确人生目标，激励自己前进。

（二）适应大学的学习生活

1. 积极参与课堂

认真听讲，积极提问，与老师和同学互动，拓宽知识面。

2. 合理安排时间

制订学习计划，合理分配时间，避免拖延。

3. 寻求他人帮助

遇到学业问题，及时向老师、同学或辅导员请教，不要“孤军奋战”。

（三）正确认识自我、完善自我

1. 自我认知

了解自己的优点、不足，接受自己的不完美。

2. 自我提升

发展自己的兴趣爱好，培养技能，增强自信心。

（四）理解他人，建立和谐的人际关系

1. 尊重他人

与同学、室友相处时，尊重彼此的差异，包容对方。

2. 积极沟通

主动交流，解决人际冲突，建立良好的人际关系网。

（五）正确认识大学环境

1. 了解学校资源

熟悉图书馆、实验室、社团等资源，充分利用。

2. 参与校园活动

参加社团、志愿活动，丰富校园生活。

生活中的心理学

一、如何面对分离，开启独立、幸福的新生活？

要正视并接受丧失感，可以释放压抑的情绪，为心灵的疗愈和成长腾出空间；寻找社会支持，与亲朋好友分享自己的感受和经历，或者加入提供社会支持的团

体，与有相似经历的人分享感受，产生共情，从他们那里获取力量和启发；积极投入新的生活体验，尝试新的事物，结交新的朋友，发展新的兴趣爱好，有助于转移注意力，增加生活的满足感和乐趣；培养独立自主的品质，建立健康的自我认同，认识到自己的价值和能力，培养解决问题的能力。总之，面对分离并开启新的生活是一个过程，需要时间、耐心和努力，要相信自己可以逐渐走出阴影，找到属于自己的幸福之路。

二、吃甜食真的能缓解焦虑吗？

从心理学的角度来看，吃甜食与缓解焦虑之间存在着某种联系。当摄入糖分时，身体会释放多巴胺，这是一种神经递质，能给人带来快乐和满足感。这种生理反应在一定程度上可以暂时减轻焦虑感。然而，这种缓解是短暂的。长期大量摄入糖分可能导致血糖波动，反而增强焦虑症状。此外，过多的糖分摄入与肥胖、心血管疾病等健康问题密切相关。若想真正长期有效地缓解焦虑，应注重培养健康的生活方式，如定期运动、进行冥想或呼吸练习，并确保充足的睡眠。若焦虑情绪持续存在或严重影响到生活、工作，建议寻求专业心理咨询的帮助。

三、你进入一间拥挤的教室，教室里没有认识的人，你需要选择一个座位，根据你的个人情况，你会选择哪个座位，原因是什么呢？

人们往往会依据一些原则来作出选择，比如先入为主的原则、可解释性原则等。当进入一间拥挤的教室时，大脑会立刻扫描环境并寻找熟悉的元素。由于教室里没有认识的人，我们会开始寻找其他可以依赖的线索。这时，大脑可能会提示我们选择一个看起来比较舒适的座位，或者选择一个离其他人稍微远一点的座位以保证个人空间。另外，我们也会基于个人偏好和经验来作出选择。如果以前有过类似的经历，比如在其他拥挤的场所选择座位，那么我们可能会借鉴之前的经验来作出选择。当然，情绪状态也会影响选择。如果我们感到紧张或不安，可能会选择一个可以观察到入口或其他人群流动的座位，以便更好地应对潜在的威胁。

四、我觉得大学生活和我预期的不太一样，这让我感到有些压力，我该怎么调整自己的心态呢？

由大学生活与预期不符而产生的压力，实际上源自内心对未知的不安。根据认知行为理论，我们的情绪和行为是由我们的认知所驱动的，因此，要调整心态，需要从认知上进行调整。我们要认识到每个生活阶段都有其独特的特点和挑战，这是正常现象。大学生活也是，这种不确定性和挑战使大学生活充满了可能性和机会，我们要勇敢地面对它，接受它；要积极寻找大学生活中的积极方面，才能更好地适应大学生活，减少压力。可以采用一些放松技巧来缓解压力，比如深呼吸、冥想等。这些技巧可以帮助我们缓解紧张的情绪，使心态更加平和。也可以寻求专业的心理咨询，让我们更好地了解自己的内心，调整心态，适应大学生活。

五、在大学，我发现自己和室友们的兴趣爱好不太一样，这让我有点不自在，如何处理这种情况呢？

在大学里，发现与室友的兴趣爱好不同，这是一个很常见的情况。处理这种情况的关键在于尊重彼此的差异，并积极寻找共同点。每个人都有自己的独特性，接受并尊重室友的兴趣爱好是至关重要的，也可以了解室友的爱好。比如，找到共同喜欢的电影、音乐或书籍，然后以此为起点，开展对话和交流。这样不仅可以加强彼此的沟通，还有助于建立更深厚的友谊。

此外，你的不自在可能源于对未知或对被孤立的恐惧。大学是一个多元化、包容性强的环境，你可以通过参加各种社团、活动或课程来结识新朋友，这些人可能与你的兴趣爱好更相投。要学会自我调节，保持开放和积极的心态。你的价值并不取决于你的兴趣爱好是否与他人相同，而取决于你的人格魅力和个人品质。要珍惜多元化的经验，它将成为你大学生活中宝贵的财富。

六、进入大学后，我发现课程变得更加困难，压力也变得更大了，我该如何有效地管理我的学习过程和时间？

进入大学后，面对更加困难的课程和更大的压力，有效管理学习过程和时间对心理健康至关重要。可以设置明确、可衡量的短期和长期目标，同时将大目标分解为小目标，这有助于逐步建立信心，克服困难；培养时间观念，合理规划和利用时间，提高学习效率；激发内部动机，增强自我效能感；寻找适合自己的学习节奏和难度，以便找到学习乐趣；掌握情绪调节策略，如深呼吸、冥想、运动等都有助于缓解焦虑、保持冷静；构建社会支持系统，与同学、老师和家人保持良好沟通，分享学习中的方法和经验；定期回顾自己的学习计划和方法，根据反馈调整策略，不断优化学习过程。

七、在大学，我发现很难找到适合自己的学习方法，这让我很困扰。可不可以提供一些建议，帮助我找到适合自己的学习方法？

在大学里，你会遇到各种各样的课程和学习任务。要细心探索并尝试不同的学习方法，比如阅读课本、听讲座、参与小组讨论、做实验等，找到最适合自己的学习方式。可以制订一个明确合理的学习计划，将每天的学习时间分配到各个科目上。将大的学习目标分解为小的、可执行的学习任务，逐步完成。这样不仅可以提高学习效率，还可以让你更有条理地进行学习。要保持积极的心态，相信自己的能力，勇敢面对学习中的挑战。如果你觉得自己的学习方法有问题，可以寻求他人的帮助，和老师、辅导员或学长、学姐交流，听听他们的建议和经验分享，帮助你找到适合自己的方法。要培养良好的学习习惯，确保每天都有足够的时间用于学习，避免拖延；养成定时复习的习惯，巩固学过的知识。此外，要注意合理安排休息时间，保持身心健康也是非常重要的。

八、面对学业压力和社交活动的双重挑战，我应该如何保持身心健康呢？

在面对学业压力和社交活动的双重挑战时，了解自己的压力源是至关重要的，包括了解是什么给你带来了压力，以及压力对你的情绪和行为有何影响。一旦你明确了压力源，你就可以制订应对策略，可以采用时间管理策略，如制订一个日程表，将学习和社交活动规划好，从而更好地管理时间。另外，保持积极的心态也很重要。要做好心理建设，如积极思考和自我激励，以更好地面对挑战及缓解压力。当然，不要忘记保持身体健康，充足的睡眠、均衡的饮食和定期的运动是身体健康的基础，只有保持身体健康，才能有更多的精力去应对学业和社交活动的挑战。

九、在什么情况下我需要寻求专业的心理咨询帮助？

大学生活是充满挑战和机遇的。大学生如果发现自己经常有极端的情绪或者情绪波动大时，如过度焦虑、抑郁、愤怒等，这可能是产生心理问题的迹象，可以寻求专业的心理咨询；当与家人、朋友或同学之间的人际关系出现问题时，如发生冲突、孤独、无法建立亲密关系等，可能需要专业的指导；进入大学时，很多人会开始思考自己的身份和价值观，如果发现自己对此很困惑，或者在尝试不同的身份和建立价值观时感到不适，那么这种情况被称为自我认同困惑，需要专业的心理咨询来解决；如果发现自己的生活习惯变得异常，如失眠、暴饮暴食、过度沉迷于游戏等，或发现自己经常出现不良的生理症状，如头痛、胃痛、胸闷等，且这些症状无法通过医学手段得到缓解，那么大学生可以选择心理咨询。专业的心理咨询可以帮助识别和解决这些问题，提供支持和指导，帮助你度过这个阶段，恢复健康和平衡的生活状态。

实践活动

学术启蒙

自天子以至于庶人，壹是皆以修身为本。其本乱而末治者，否矣；其所厚者薄，而其所薄者厚，未之有也。此谓知本，此谓知之至也。

——《大学》

个体的心理适应能力依赖于其内在的稳定性和自我认知，心理适应不仅仅是对外部环境的简单反应，而且是需要通过内在修养来实现的深层次理解和调整。通过修身，个人可以培养良好的心理素质，进行情绪管理，获得正确的自我认知。通过修身，个人能够实现内心的稳定，提升认知的高度，从而更好地适应生活中的各种变化和挑战。

一、了解家训

家训是(儒家)文化的重要载体。通过阅读家训来提高自己的修养，这是中国人常用的传统修身方式。

《朱子家训》仅 524 字，精辟地阐明了修身治家之道，是家教名篇。其中许多内容展现了中华优秀传统文化：为人质朴、教子有方、勤俭持家、邻里和睦等，为历代儒家学子所尊崇，在今天仍有现实意义。

请同学们将熟悉的家训中让你印象最深或最喜欢的 5 句话誊抄下来：

二、了解自己

① 选一个自己喜欢的物品(国旗、算盘和《论语》的竹简)，每个物品代表一种职业倾向。

② 你更希望自己的职业或者性格像下列哪个人物？

诸葛亮　张桂梅　周恩来　袁隆平　马云　撒贝宁

③ 选择你喜欢的休闲活动类型：娱乐类、运动类、文化类和游戏类。

三、自画像

自画像可以有标题，也可以无标题。若有标题，可以是“大学生活中的我”“我的梦”“我的人生”等。可以随自己的意愿，用任何形式来画出自己，抽象的、形象的、写实的风格皆可，还可以画动物、植物。作画过程中不讨论，按照自己的第一感觉，画出最真实的自己。总之，要把心目中最能代表自己的东西画出来。

我的自画像：

画完后，小组成员内部讨论，请每一名学生解释自己的作品，并内部答疑。

自画像用非语言的方法将作画者的内心投射出来，是一种独特的自我探索、自我分析、自我展示的方法。通过团体内的交流，可以促进大家深化自我认识，加深对他人的认识和理解。

注意：对自画像进行介绍时，要尽可能地描述自己的性格特征，不要只停留在画面本身的描述。

习题演练

一、单选题

1. (　　)是一种不健康的适应，它以牺牲个体发展为代价，甚至会导致不同程度的心理问题。

A. 积极适应　　B. 消极适应　　C. 学习适应　　D. 环境适应

2. 从个体发展的全过程来看，平衡只是(　　)的，不平衡才是绝对的。

A. 相对　　B. 绝对　　C. 不相对　　D. 必须

3. 由不平衡引起的内部心理矛盾才是个体心理发展的(　　)。

A. 阻力 B. 动力 C. 条件 D. 结果

4. 积极适应是一种( )的适应。

A. 健康 B. 不健康 C. 亚健康 D. 不正常

5. 大学新生适应过程是大学生不断进行( )、不断认识和改造环境,达到与环境动态平衡,以实现自我发展的过程。

A. 学习适应 B. 自我调整 C. 目标适应 D. 自我评估

6. 生活环境不适应主要指( )引起心理上的不适应。

A. 环境、角色的变化 B. 学习心态

C. 学习目标 D. 学习方法

7. 自我同一性是指个人对自己的本质、信仰及一生的( )和比较完善的意识。

A. 前后一致 B. 个人冲突 C. 不一致 D. 不正常

8. ( )是造成身心疾病的主要原因之一,是影响人们心理健康最主要的因素。

A. 心理压力 B. 学习没目标

C. 人际交往意愿 D. 身体疾病

9. 生活环境或生活条件改变,遭遇挫折、矛盾或冲突都是大学生的( )。

A. 适应问题 B. 心理危机

C. 压力源 D. 心理不正常

10. 大学生适应不良的调适,要求大学生从自身出发,充分挖掘自身的潜力,发挥自己的( ),努力更快更好地调整自己的心态。

A. 调适 B. 主观能动性 C. 认知 D. 优势

11. 个体无法发现自己,也不知道自己究竟是什么样的一个人,想要成为什么样的人,这属于( )。

A. 自我同一性 B. 同一性混乱

C. 心理压力超载 D. 心理矛盾

12. 处于什么状态中的大学生没有甚至不在乎任何确定的价值观与信念?( )

A. 自我同一性危机 B. 自我同一性

C. 心理压力超载 D. 心理矛盾

13. 心理矛盾或冲突是指个体同时具有两种或两种以上不一致甚至矛盾的( )。

A. 心理认知 B. 自卑情绪 C. 心理压力 D. 心理情感

14. 严重的心理冲突会让人的心理和生理机能紊乱,使人的正常生活规律被打乱,产生不适应感、( )和不可控制感。

A. 自我否定感　B. 依赖感　C. 心理矛盾　D. 失落

15. 当一个人长期处于内心矛盾当中或内心矛盾的强度过大时,都会破坏(　　),引起心理疾病。

A. 心理冲突　B. 心理平衡　C. 心理矛盾　D. 心理调整

16. 生理状况、重要人际关系、社会文化等的重大变化会威胁一个人的自我同一性,使其产生(　　)。

A. 同一性危机　B. 自我同一性

C. 自我感觉良好　D. 自豪感

17. (　　)可以通过提供情感、物质、信息以及评价等方面的帮助,减轻压力的消极影响。

A. 自我调节　B. 心理压力

C. 人际关系　D. 社会支持

18. 在大学生因适应不良而调适自我的过程中,可以改进生活方式,从日常生活做起,(　　),提高生活自理能力。

A. 晚睡晚起　B. 过度学习

C. 培养良好的生活习惯　D. 沉迷网络

19. (　　)是大学生提高学习效率、完善自我意识、加强心理健康的基础。

A. 良好和谐的人际关系　B. 适应大学生活

C. 改进生活方式　D. 树立人生目标

20. 适度压力是发展所必需的,但压力(　　)个体承受范围就会不利于身心健康。

A. 低于　B. 等于　C. 超出　D. 远远小于

21. 如果个体和环境失去平衡,就需要(　　)。

A. 放而任之　B. 不在意

C. 仔细小心　D. 改变行为,重建平衡

22. 大学生要重新审视自己的理想,(　　),树立新的符合自身能力的目标。

A. 客观分析自我　B. 养成良好习惯

C. 改进生活方式　D. 树立人生目标

23. 大学生学习最起码应做到上课认真听讲,认真做笔记,(　　)完成老师布置的作业。

A. 随意　B. 马虎　C. 按时　D. 按时保质

24. 大学生在交往中应坚持真诚待人、宽容待人、(　　)等原则,并掌握交往的技巧。

A. 按需交往　B. 利益为重

C. 平等待人　D. 情义无价

25. 心理健康意义上的适应，就是个体在与环境的互动当中，能够通过(　　)作出积极而能动的反应，从而使个体与环境之间达到新的平衡的过程。
    A. 他人建议　　B. 模仿他人
    C. 调节自身　　D. 消极适应

二、多选题

1. 从个体发展的全过程来看，个体只能在(　　　)这一矛盾的动态循环中获得生存与发展。
   A. 平衡　　B. 不平衡
   C. 新的平衡　　D. 新的不平衡
2. 根据个人对社会适应的效果区分，适应包括哪几种类型？(　　　)
   A. 消极适应　　B. 积极适应
   C. 学习适应　　D. 人际交往适应
3. 下列哪些属于大学生活的适应任务？(　　　)
   A. 适应新的学习环境　　B. 适应新的生活环境
   C. 适应新的人际环境　　D. 适应新的管理环境
4. 下列哪些症状可以帮助判断大学生是否有适应问题？(　　　)
   A. 每天睡觉之前觉得没意思
   B. 有晚睡嗜睡的习惯，每天晚上不想睡，白天不想起床
   C. 有网瘾，每天花大量的时间在网络上
   D. 早睡早起，精神饱满
5. 学习不适应主要包括(　　　)。
   A. 学习心态上的不适应　　B. 学习目标上的不适应
   C. 学习方法上的不适应　　D. 环境不适应
6. 长期处于压力下的学生更容易产生哪些不良情绪？(　　　)
   A. 强迫　　B. 偏执　　C. 焦虑　　D. 抑郁
7. 下列哪些情况会引起心理压力超载？(　　　)
   A. 生活事件集中增加　　B. 环境变化剧烈
   C. 心理矛盾或冲突　　D. 受挫
8. 大学生适应问题的心理成因有哪些？(　　　)
   A. 同一性危机　　B. 心理压力超载
   C. 自我调节暂时失效　　D. 社会支持缺乏
9. 处于自我同一性危机中的大学生没有甚至不在乎任何确定的价值观与信念，容易产生哪些问题？(　　　)
   A. 容易彷徨　　B. 容易改变决定
   C. 人际关系不良　　D. 有严重的情绪困扰

10. 从具体内容来看,大一学生常见的心理矛盾或困惑有哪些?(　　)
   A. 自豪感与自卑感的矛盾
   B. 新鲜感与恋旧感的矛盾
   C. 独立感与依赖感的矛盾
   D. 闭锁所导致的孤独感与强烈的交往需要的矛盾
11. 从形式上看,心理冲突表现为(　　)。
   A. 双趋冲突　　B. 双避冲突
   C. 趋避冲突　　D. 双趋双避冲突
12. 大学生面对哪些生活事件,容易有压力和感到无助?(　　)
   A. 异地求学　　B. 人际支持的丧失
   C. 自我地位的失落　　D. 失眠
13. 进入陌生的环境,个体必须与环境建立起和谐的依赖关系,才能满足自己的哪些需要?(　　)
   A. 生理需要　　B. 安全需要
   C. 归属与爱的需要　　D. 尊重的需要
14. 大学生的心理挫折可分为哪几个类型?(　　)
   A. 经济挫折　　B. 生活挫折
   C. 学习挫折　　D. 人际关系挫折
15. 在心理冲突导致的心理问题中,常见的种类有(　　)。
   A. 焦虑　　B. 一般性抑郁
   C. 有关的神经官能症　　D. 与心理冲突相关的心理疾病
16. 当学生心理上出现挫折感时,如果不及时解决或调整,就会产生焦虑、抑郁等消极情绪,还会导致(　　)等消极自我防卫行为。
   A. 强迫　　B. 攻击　　C. 对立　　D. 退缩
17. 大学生适应不良的调适,需要多方面的努力,大学生应做到(　　)。
   A. 从自身出发　　B. 充分挖掘自身的潜力
   C. 发挥自己的主观能动性　　D. 努力更快地调整自己的心态
18. 改进生活方式,要从日常生活做起,培养良好的生活习惯,提高生活自理能力,具体包括(　　)。
   A. 合理安排时间和使用金钱　　B. 科学安排衣食住行
   C. 坚持锻炼身体　　D. 调整心境
19. 大学生要养成主动和自觉学习的好习惯,要在学习内容上注意寻找自己的学习兴趣,养成(　　)的好习惯。
   A. 发现问题　　B. 思考问题
   C. 研究问题　　D. 解决问题

三、判断题

1. 从个体发展的全过程来看，平衡不是相对的，不平衡是绝对的。 ( )
2. 心理学中的适应用来表示有机体对环境变化作出的反应。 ( )
3. 心理健康意义上的适应，就是个体在与环境的互动当中，能够通过调节自身作出积极而能动的反应，从而使主体与环境之间达到新的平衡的过程。 ( )
4. 消极适应是一种健康的适应，它以牺牲个体发展为代价，甚至会导致不同程度的心理问题。 ( )
5. 积极适应是指主体充分发挥自身的主观能动性，尽最大可能去改变环境，使之适合自身发展的需要，这是一种比较高级、比较主动的适应方式。 ( )
6. 根据个人对社会适应的效果，适应包括两种类型：消极适应和积极适应。 ( )
7. 大学学习环境的变化主要表现为学习目的的单一性，学习内容的专业性、探索性，学习方式的全方位性，学习态度的自主自觉性。 ( )
8. 进入大学后，环境、角色的变化不会引起心理上的不适应。 ( )
9. 自我同一性混乱者会不知道自己是什么样的人。 ( )
10. 心理压力是造成身心疾病的主要原因之一，是影响人们心理健康最主要的因素。 ( )
11. 适应就是积极调整自己，使自己尽快进入角色的过程。 ( )
12. 在心理冲突导致的心理问题中，常见的种类有：焦虑、一般性抑郁、有关的神经官能症，以及相关的心理疾病。 ( )
13. 当学生心理上出现挫折感时，如果不及时解决或调整，不会产生焦虑、抑郁等消极情绪。 ( )
14. 改进生活方式，要从日常生活做起，培养良好的生活习惯，提高生活自理能力。 ( )
15. 大学生在刚进入校园时，要尽快熟悉校园的环境，多向高年级同学请教，还可以在班级中担任一定的工作，这样能帮助大学生尽快适应校园生活。 ( )

学、思、践、悟

第三章 遇见未知的自己

——大学生自我意识

学习目标

通过学习认识自我发展的重要性，了解并掌握自我意识发展的特点，能够识别在自我意识发展过程中出现的偏差及其原因，并能够对其进行调适，建立自尊自信的自我意识。

学习内容

一、自我意识概述

（一）自我意识的概念

自我意识是指个体对自身以及自身与周围环境关系的认识，即对自己、自己与他人的关系、自己与社会的关系的认知、体验与评价，是个体关于自我全部的思想、情感和态度的总和。

（二）自我意识的内容和结构

从结构上看，自我意识分为自我认知、自我体验和自我调控；从内容上看，分为生理自我、社会自我和心理自我。自我意识的结构由低层次向高层次发展且密切联系（表 3-1）。

从存在方式看，自我意识分为现实自我、投射自我和理想自我（表 3-2）。

表 3-1 自我意识的内容和结构

内容	结构		
	自我认知（我是什么类型的人，我的言行举止是否落落大方等）	**自我体验**（我对自己是否满意，是否对自己的社交能力感到满意等）	**自我调控**（我如何控制自己的不良情绪，怎样才能成为别人喜欢的人等）
生理自我（对自己生理方面的认识及体验）	对自己的身体、外表、穿着等的认识	是否健康、漂亮、有吸引力、迷人等	追求外表、物质欲望的满足而作出的反应
社会自我（对自己社会关系的评价和体验）	对自己的名望、地位、角色或与他人关系的认识	是否自信、自爱、自尊、自豪或自卑、自怜等	追求名誉地位，为获得他人尊重而作出的反应
心理自我（对自己心理品质的评价与体验）	对自己的认知水平、情商、智商、兴趣爱好、能力性格等特点的认识	是否有能力、聪明、情商高，反应是否敏捷等	是否注意行为符合社会规范，要求智慧与能力的发展

表 3-2 自我意识的存在方式

存在方式	现实自我	投射自我	理想自我
表现	从自己的立场对自己的看法	想象他人对自己的看法	想要达到的比较完美的形象

（三）自我意识的发展阶段

自我意识的发展阶段见表 3-3。

表 3-3 自我意识的发展阶段

阶段	时间	表现
自我中心期（混沌时期）	从出生后第 8 个月开始到 3 岁左右结束	自我意识开始萌芽
客观化时期（社会化时期）	从 3 岁到 15 岁	个体能意识到自己在社会环境中的作用和地位，以及须承担的社会义务和享有的社会权利等
主观化时期（自我内化时期）	从青春期到成年的大约 10 年时间（16～25 岁）	这一时期是自我意识发展的关键时期，个体开始清晰意识到自己的内心世界，关注自我体验，有自己的认知和想法，有明确的价值探索和追求

二、大学生自我意识的发展

(一) 大学生自我意识发展的规律

1. 自我意识开始分化

大学生开始认识自己的个性、兴趣和目标。

2. 自我意识出现矛盾

大学生面临各种选择,自我认知可能产生冲突。

3. 自我意识趋于统一

随着成熟,大学生逐渐形成更一致的自我认知。

(二) 大学生自我意识发展的特点

1. 时间上的延缓偿付期

大学生面临着更多的选择,要作出更多的决策,例如专业选择、职业规划、社交圈建立等。相比于中小学生,大学生需要更长的时间来探索自我、认识自己的兴趣和优势。延缓偿付期使得大学生有机会去尝试不同的事物,但也可能导致一些迷茫和焦虑。

2. 空间上的自主性

大学生在校园环境中拥有更多的自主权。他们可以自由选择参加哪些社团、课程或活动,也可以自行安排学习和生活的时间。这种自主性有助于培养大学生的独立思考能力和自我管理能力,但也需要他们具备一定的自律性。

3. 自我意识发展的不平衡性

大学生在不同领域的自我认知可能存在发展不平衡的现象。例如,有些人在学业上非常自信,但在人际交往中可能较为内向;或者在情绪管理方面很成熟,但在职业规划上还不够明确。这种不平衡是正常的,因为大学生正处于自我意识的发展过程中,需要不断调整和平衡各个方面的认知。

(三) 大学生自我意识发展过程中常见的问题

1. 自我概念偏差——自我中心

思考问题或处理事情时一切以自己为出发点。

2. 扭曲的自尊——虚荣心

在意他人的关注、赞赏和肯定,把这些评价当作自我价值的评定标准。

3. 消极的自觉——自卑

由于自我认知偏差而导致自我轻视和自我否定,喜欢放大自己的缺点和不足,总是从消极和悲观的角度看问题。

4. 退缩的自主——从众

一般是个体缺乏主见，放弃个人意见而采取与大多数人一致的立场的自我保护行为。

5. 变态的自立——逆反

在特定条件下，个体刻意产生一种与他人意愿相反的心理，常伴有抵触、厌烦、懈怠、抗议等情绪反应。

6. 极端的自信——自负

自负是个体过分自信、自以为是、自命不凡的一种情感体验和情绪表现。

7. 放纵的自我——任性

个体一般不会考虑他人，不会克制自我，只按个人意愿做事，甚至发展到以自我为中心的地步。

三、大学生自我意识的完善

（一）正确认识自我

大学生应该不断探索自己的兴趣、优点、弱点和价值观。通过自我反思和他人的反馈，建立更准确的自我认知。

（二）积极悦纳自我

了解每个人都是不同的，接纳自己的独特；欣赏自己的优点，并努力发挥优势；接纳自己的缺点，不随意给自己贴负面标签，积极完善自我；正确对待失败，合理地进行内外归因，学会总结经验教训；适当学习一些自我防御方法，以便更好地了解和接纳自我。

（三）良好控制自我

分清可控自我与不可控自我，完善可控自我，接纳不可控自我；确立合适的理想自我，调整期望值；真诚与他人交往，保持现实自我与投射自我的统一；发展积极的生活态度。

（四）努力超越自我

加强自我修养和自我塑造，超越自我。

生活中的心理学

一、弗洛伊德的人格理论在心理学中具有重要地位，如何理解这一理论？

西格蒙德·弗洛伊德（Sigmund Freud）的人格理论在心理学中具有重要

地位，这主要源于他对潜意识研究的独创性。弗洛伊德认为，人格由本我、自我和超我三部分构成。本我代表人的本能冲动和欲望，是人格结构中最原始的部分。它遵循快乐原则，寻求即时的满足和快感。在本我的驱动下，人们的行为往往是冲动和无意识的。自我代表理性和常识，是人格结构中的现实部分。它遵循现实原则，通过延迟满足来适应现实环境，在本我和现实世界之间进行调和。超我代表社会规范和价值观，是人格结构中的道德部分，它的功能是监督和评价自我，确保行为符合道德标准。这三部分协调一致时，人格就能保持健康；当这三部分发生冲突时，就可能导致心理问题。弗洛伊德的人格理论在心理学、心理咨询和治疗等领域发挥着重要作用，不仅为我们理解人的行为和心理提供了重要的理论框架，也为我们提供了深入探索潜意识世界的工具。

二、有时候自己或者身边人会对自己有盲目的自信，这在心理学上有何解释？

自我意识是指个体对自己的认知和觉察，包括对自己的情感、思维、行为和需求的认识。在某些情况下，自我意识确实可能导致盲目自信的现象，这种现象在心理学上可以解释为自我认知的偏差。

人们对自己的能力和表现有过高的估计，这被称为自我服务偏见或自我肯定偏见。当个体过分依赖自我意识时，他们可能无法客观地评估自己的真实能力和表现，而是受到自我肯定偏见的影响，表现出过度的自信。这种自信有时会超过他们的实际能力，导致他们在面对挑战和困难时无法作出正确的应对。此外，自我意识也可能引发过度自我关注，即个体过于关注自己的内心感受和想法，而忽略了外部环境和他人反馈的信息。这可能导致个体对自己的评价不准确，进一步加剧自我认知的偏差和盲目自信的现象。

三、每个人都会对“我是谁”这个问题好奇，为什么？

“我是谁”这个问题体现了人类普遍的好奇心。人类有强烈的自我认知需求，希望了解自己的性格、价值观、喜好等，这种需求促使人们不断地探索和思考自己的身份。人们由于对自我价值感的追求及自我发展的渴望，会对自己的价值和意义感到好奇，通过对“我是谁”的思考，更好地理解自己存在的价值和意义所在，并了解自己的优点和不足，从而明确自我发展的方向。另外，出于社交的需求，人们希望了解自己在群体中的位置，寻找归属感。

四、有时候觉得自己和他人格格不入，这在心理学上有什么意义，是我不正常吗？

从心理学角度来看，与周围人格格不入的感觉，可能源于个体的自我认知和对他人认知的差异。这种感觉可以激发个体的自我探索和自我成长。当个体意识到自己与周围人不同时，他可以深入探索自己的内心世界，发现自己的潜力和特长，进而实现自我提升。这种感觉也有助于培养个体的独立性和自主性，使其形成独立的思考和决策能力，进而更好地应对生活中的挑战；还可以促使个体寻求多元化的交流和理解，个体会尝试去理解他人的观点，或者寻找与自己相似的人，建立更加紧密的联系，从而丰富自己的人际关系和生活经验。因此，我们应该正视这种感觉，并从中汲取力量和启示，不断提升自己的人生境界。

五、我有时候感觉自己找不到自我了，好像"跑偏"了，这是为什么？

"跑偏"的感觉可能与多种因素有关，包括潜意识的影响、自我认知的偏差以及情感和情绪的影响等。了解这些因素有助于我们更好地认识自己，完善自己的思维和行为。

首先，人们的思维和行为经常会受到潜意识的影响，而潜意识中的一些因素，比如过去的经历、情感和习惯等，可能会在不知不觉中影响我们的思考和行动方式，导致我们出现一些不自觉的偏见或偏差。因此，有时候我们会觉得自己的决策或行为不够明智，甚至有些"跑偏"。其次，心理学中的自我认知理论认为，人们对自己的认知并不完全准确，有时候会出现自我认知的偏差。这意味着我们可能会对自己的行为和决策作出错误的解读，从而误认为自己"跑偏"了。最后，心理学认为情感和情绪也会对人们的思维和行为产生影响。当我们处于某种情绪中时，我们的思维和行为可能会受到这种情绪的影响，从而出现一些偏差。例如，当我们感到焦虑或沮丧时，我们可能会对一些信息或情境作出过度的反应，导致我们的思维和行为产生偏差。

六、大学生应该如何正确处理自我意识和他人期望之间的关系？

在心理学中，自我意识和他人期望之间的关系是一个复杂而重要的话题。大学生处于个性形成的关键期，应先明确自我意识，即对自己的认识和看法，包括认识价值观、兴趣、能力和目标等，需要进行一定的自我探索和反思，理解自己的需求和意愿。

大学生要意识到他人期望可能带来压力。他人期望可能来自家庭、社会、朋友等，这些期望可能会与自我意识产生冲突。对于这些期望，大学生不应完全服从，也不应完全抗拒，而是要经过思考和筛选，选择那些符合自我意识的期望去实现。大学生还应该学习如何有效地沟通和表达自己的想法和感受，与他人进行真诚而深入的交流，这有助于减少误解和冲突，找到自我意识和他人期望之间的平衡点。同时，大学生应培养自己的心理韧性，面对困难和挫折时能够坚持自己的信念和目标，不轻易放弃。

总之，大学生应保持自我意识的主导地位，同时尊重和考虑他人的期望，通过有效的沟通和心理韧性的培养来找到平衡。

七、保持个性重要还是保持自我重要？二者矛盾吗？

从心理学角度来看，二者相辅相成，并不矛盾。个性是指一个人独特的思维、情感和行为模式，是个体区别于他人的重要特征。保持个性可以让人们更好地认识自己，发现自己的优点和缺点，并且能够更好地发挥自己的潜能，也可以使人们在社交中更有吸引力，因为独特的个性可以吸引他人的注意和兴趣。保持自我是指保持自己的独立思考和自主性，不轻易被他人的意见和看法左右。保持自我可以让人们更好地掌控自己的情绪和行为，并且能够更好地应对外界的挑战和压力，也可以使人们更好地发展自己的个性和才华，发挥自己的潜能，成为一个完整的人。

实践活动

学术启蒙

所谓诚其意者，毋自欺也。如恶恶臭，好好色，此之谓自谦，故君子必慎其独也。小人闲居为不善，无所不至，见君子而后厌然，掩其不善，而著其善。人之视己，如见其肝肺然，则何益矣。此谓诚于中，形于外，故君子必慎其独也。曾子曰："十目所视，十手所指，其严乎！"富润屋，德润身，心广体胖，故君子必诚其意。

——《大学》

《大学》提到了不自欺、慎独。追求内外一致、自我反省是提高道德修养的过程，有利于建立良好的自我意识。《大学》强调个体在独处时也要保持内心的诚实，并通过外在行为表现出来，从而培养内外一致的道德修养。

一、我是这样的人

以"我是……的人"这样的句型，完成 15 句有关自己的陈述句。

1. 我是____的人。
2. 我是____的人。
3. 我是____的人。
4. 我是____的人。
5. 我是____的人。
6. 我是____的人。
7. 我是____的人。
8. 我是____的人。
9. 我是____的人。
10. 我是____的人。
11. 我是____的人。
12. 我是____的人。
13. 我是____的人。
14. 我是____的人。
15. 我是____的人。

分析这15个句子中你提到了哪些内容。如你是什么身份、地位,性格、外貌如何等。

① 身体状况:阐述你的体貌特征,如年龄、身高、体形、健康状况等。

② 才智状况:阐述你的智力、能力情况,如是否聪明、灵活、有能力、机灵等。

③ 性格特点、情绪状况:阐述你所表现出来的性格特点和常有的情绪情感,如积极开朗、沉默内敛、严谨认真、烦恼沮丧等。

④ 社会关系、社会角色类型:阐述与他人的关系、对他人常持有的态度和评价,如乐于助人、爱交朋友、坦诚、孤独等,说明自己的社会角色,如学生、子女、中国公民等。

自我评估:

① 在列出的句子中,你最先提到的是________________________。

思考:为什么你最先想到的内容是这样的?

② 在你列出的每句话的后面加上正号或负号。正号表示"这句话表达了你对自己肯定和满意的态度";负号表示"这句话表达了你对自己不满意、否定的态度"。

请写下你的正号数量________与负号的数量________。

二、假想你是自己的好朋友

站在朋友的视角，用 3 句话介绍自己(不可以说从外表看得见的特点)。

① 他(她)是一个________________的人。

② 他(她)是一个________________的人。

③ 他(她)是一个________________的人。

课后作业：

给父母打电话，让其评价自己是一个怎样的人，写不少于 3 点评价(不可以说从外表看得见的特点)。

④ 他(她)是一个________________的人。

⑤ 他(她)是一个________________的人。

⑥ 他(她)是一个________________的人。

三、情景剧表演

孔子评门下弟子的个性

孔子：如果我的主张的确无法推行了，我想乘着木排漂流海外。但跟随我的，我估计只有子路了。子路这个人的好勇精神大大超过我。(子路听到后很开心。可通过动作与表情，展示出子路的高兴)

子路：如果让您率领三军，您愿找谁一起共事呢？

孔子："赤手空拳和老虎搏斗，徒步涉水过大河"，即使这样死了都不后悔的人，我是不会与他共事的。我所要找的共事的人，一定是遇事谨慎小心，善于谋划而且能完成任务的人。(孔子这样说，有点反讽和提醒子路的意思，子路就是这样的人，情绪相对较冲动)

孟武伯：子路算得上有仁德吗？

孔子：子路啊，一个具备千辆兵车的大国，可以让他去负责军事。至于他有没有仁德，我就不知道了。

子路：老师，您觉得高柴、曾参、子张、我，我们四个人怎么样呢？

孔子：高柴愚笨，曾参迟钝，子张偏激，子路你啊，有些鲁莽。

四、我最喜欢做的事

请列出 10 件你最喜欢做的事(表 3-4)。

表 3-4　最喜欢做的事

序号	事件	英文代号
1		
2		
3		
4		

（续表）

序号	事件	英文代号
5		
6		
7		
8		
9		
10		

英文代号代表这10件事对你的意义，请选择合适的英文代号填写。

a. 3年前没有这个想法

b. 3年前已有这个想法

c. 要冒险

d. 要放弃某些东西

e. 有人反对

f. 需要极大信心

g. 最优先的

h. 晚年才做

i. 与我的人生观有关

j. 这是原则

五、体验“儒门正坐”并谈感想

儒门正坐

你可能发现，自己没有办法保持注意力集中，你的意识常常从一个想法游离到另外一个想法，要想集中注意力谈何容易？有时候，你甚至会有些烦躁。请不要气馁，这是正常现象。

请放松身心，尝试对自己友善一些。当我们在练习的时候，我们的意识有可能游离到我们认为更重要的事情上，从表面看起来，我们意识到的很多东西都是极为随机的，就好像意识漫无目的地在一个房间中胡乱挖掘一般。换句话说，你的意识喜欢某个想法、发现某个想法有用或者从某个角度来说有趣，就会提供给个体衡量的机会。这时，我们可以选择接受这些想法，也可以拒绝。但是，我们会将意识中的想法与现实混淆起来，并认为我们与自己的意识关系非常密切。这时，要调整呼吸，将意识拉回到当下。

经过一两次“儒门正坐”之后，你可能发现自己又重新回到了原来的思维状态，并不能区分意识和现实。发生这种情况时，你的任务仍然没有改变：将意识温和地拉回到当下，关注自己此刻的呼吸。这时你已经踏出了重返意识状态的第一步。

课后作业：

找3个对你来说重要的人（家人、朋友、同学），请他们回答以下问题。

① 你眼中我是一个怎样的人？（用3个词形容）

② 你认为我最大的优点是什么？（列出3个）

____

③ 你认为我最大的不足或需要改善的有哪些方面？（列出3个）

____

习题演练

一、单选题

1. 从内容上看，自我意识可以分为生理自我、心理自我和（　　）。

A. 理想自我　　B. 现实自我　　C. 社会自我　　D. 投射自我

2. 青年期大学生自我意识发展的核心问题是（　　）。

A. 健全人格　　B. 培养意志　　C. 自我统一性　　D. 情绪稳定

3. 大学生个体自我意识迅速发展并趋向成熟的关键时期是（　　）。

A. 少年期　　B. 青年期　　C. 成年期　　D. 中年期

4. 心理自我不包括（　　）。

A. 性格　　B. 角色　　C. 智力　　D. 态度

5. 与社会自我相伴而生的是（　　）。

A. 理想自我　　B. 现实自我　　C. 心理自我　　D. 投射自我

6. 自我意识是个体意识发展的（　　）。

A. 初级阶段　　B. 中级阶段　　C. 高级阶段　　D. 最终阶段

7. 当代大学生一般处于（　　）。

A. 青年初期　　B. 青年中期　　C. 少年期　　D. 青年晚期

8. 当代大学生追求卓越人生、追求自我实现必须面对的终身课题是（　　）。

A. 健全自我意识　　B. 健全非我

C. 培养坚定的一致性　　D. 调控自己的情绪

9. 心理自我是指个人对自己（　　）的自我认识和评价。

A. 自我体验　　B. 现实自我

C. 培养坚定的一致性　　D. 心理品质

10. 自我意识在情感上的表现是（　　）。

A. 自我观察　　B. 自我体验

C. 自我评价　　D. 自我控制

11. 个体成长与发展的关键是（　　）。

A. 良好的文化教育　　B. 适宜的生长环境

C. 塑造和培养健全的人格　　D. 和谐的家庭生活

12. 个体从自己的立场和观点出发，对自己目前实际情况的评价和看法被称为(　　)。

A. 现实自我　　B. 投射自我　　C. 理想自我　　D. 生理自我

13. (　　)是指心理发展到20岁之后的一种心智成熟、情绪控制成熟和社会适应成熟的状况。

A. 心理健康　　B. 心理发展　　C. 心理教育　　D. 心理成熟

14. 个体要实现的比较完美的一种自我境界或形象为(　　)。

A. 现实自我　　B. 投射自我　　C. 理想自我　　D. 生理自我

15. 如果理想自我、现实自我和社会要求三者之间有矛盾,就会引起个体内心的(　　),甚至引起严重的心理疾病。

A. 混乱　　B. 轻松　　C. 自满　　D. 自负

16. 个体的自我意识是在个体(　　)和心理能力不断发育和成熟的基础上,在社会进化的进程中逐渐形成和发展起来的。

A. 心理　　B. 生理　　C. 社会　　D. 自我

17. 自我意识发展的混沌时期始于出生后第(　　)个月左右,到3岁左右结束。

A. 6　　B. 7　　C. 8　　D. 9

18. 自我意识发展社会化时期为(　　),是个体接受社会文化影响(即社会化)最深的时期,也是学习的重要时期。

A. 3～15岁　　B. 3～16岁　　C. 3～18岁　　D. 3～20岁

19. 自我意识发展自我内化时期为(　　),是人的自我意识发展的关键期。

A. 15～20岁　　B. 16～20岁　　C. 16～22岁　　D. 16～25岁

20. 按照美国心理学家杨格的理论,每个人都具有(　　)和隐性(或影子)人格。

A. 外露　　B. 显性　　C. 外向性　　D. 潜藏

21. 以下属于美国心理学家马斯洛"需要层次理论"的是(　　)。

A. 金钱需要　　B. 自力更生需要

C. 归属与爱的需要　　D. 自我闭锁

22. 大学生自我意识的发展过程中,努力完成(　　)的构建是大学生心理发展的重要任务。

A. 自我同一性　　B. 自主性　　C. 自我认识性　　D. 自我调节性

23. (　　)是指考虑问题、处理事情都以自我为中心,将自我作为思考问题的出发点与归宿。

A. 虚荣心　　B. 自卑　　C. 从众　　D. 自我中心

24. (　　)是指在特定条件下,交往者刻意产生一种与被交往者意愿相反的心理现象,常伴有抵触、厌烦、懈怠、抗议等情绪反应。

A. 逆反　　B. 自负　　C. 任性　　D. 虚荣心

25. 小陈是家中的独生女,从小娇生惯养,在温室中长大,缺乏磨炼,从不考虑他人，不会克制自我，只按个人意愿做事，甚至发展到以自我为中心的地步，这是自我意识发展过程中的（　　）。

A. 自信　　B. 任性　　C. 虚荣心　　D. 逆反

二、多选题

1. 自我意识（　　）。

A. 又称自我

B. 在社会化过程中形成和发展起来

C. 是个体关于自我的思想、情感和态度的总和

D. 是一定的行为方式与自身的独特个性

2. 自我意识出现的矛盾包括（　　）。

A. 理想自我与现实自我的矛盾　　B. 交往需要和自我闭锁的冲突

C. 主观自我与客观自我的矛盾　　D. 独立意向与依附心理的冲突

3. 自我意识发展的特点是（　　）。

A. 时间上的随意性　　B. 自我意识发展的不平衡性

C. 空间上的自主性　　D. 生活中的懒惰

4. 大学生自我意识发展过程中常见的问题有（　　）。

A. 消极的自觉　　B. 过分的赞赏

C. 自我概念偏差　　D. 扭曲的自尊

5. 从结构上看，自我意识可分为（　　）。

A. 自我认识　　B. 自我调控　　C. 自我体验　　D. 自我升华

6. 下列哪些是大学生完善自我意识的途径？（　　）

A. 正确认识自我　　B. 积极悦纳自我

C. 良好控制自我　　D. 努力超越自我

7. 自我认识是认知的一种形式，主要包括个体的（　　）等方面的内容。

A. 自我感觉　　B. 自我观察　　C. 自我分析　　D. 自我评价

8. 从存在方式来看，自我意识可分为（　　）。

A. 自我感觉　　B. 现实自我　　C. 投射自我　　D. 理想自我

9. 在自我意识的发展中，大学生自我意识渐趋统一，对个体的（　　）的形成有着非常重要的影响。

A. 人生观　　B. 自主性　　C. 世界观　　D. 价值观

10. 从内容来看，自我意识的内容分为（　　）。

A. 生理自我　　B. 心理自我　　C. 理想自我　　D. 社会自我

11. 自我意识也被称为（　　）。

A. 自我　　B. 镜我　　C. 自我概念　　D. 反思自我

12. 自我意识的发展阶段有（　　）。

A. 混沌期　　B. 社会化时期
C. 青春叛逆期　　D. 自我内化时期

13. 在自我意识的发展阶段中,2岁左右的儿童掌握(　　)的使用,在自我意识形成中是一大飞跃。
A. 第一人称　B. “你”　C. “他”　D. “我”

14. 对于自我意识,下列说法正确的有(　　)。
A. 是自我意识倾向的简称
B. 是个体对自身的观察和反省
C. 是在对自己与他人和集体的关系的比较和分析中形成的一定的自我印象
D. 是推动个性发展的重要因素

15. 下列有关自我意识的说法,正确的有(　　)。
A. 包括自我认识、自我感觉和自我分析等成分
B. 从存在方式来看,可分为生理自我、社会自我和心理自我三种形式
C. 自我意识的形成和发展过程,正是一个人人格成长的过程
D. 是个性的组成成分之一

16. 关于自我意识的发展阶段中自我内化时期的表述正确的有(　　)。
A. 包括自我认识、自我感觉和自我分析等成分
B. 个体无论在生理还是心理等方面,都有急剧的变化
C. 性特征、观察力、逻辑思维和想象力发生急剧的变化和发展
D. 是个体接受社会化影响最深的时期

17. 正确认识自我具体可以从以下哪些方面着手?(　　)
A. 养成自我反思的习惯
B. 与自己纵向比较,客观正确地评价自我
C. 积极参加社会交往和实践活动
D. 处理好自我与他人的关系,营造认识自我的良好外部环境

18. 积极悦纳自我具体可以从以下哪些方面着手?(　　)
A. 拒绝用自己的弱势与他人的优势进行比较
B. 欣赏自己的优点,并努力将其发挥最大功效
C. 接纳自己的缺点
D. 详细了解自我保护机制

19. 良好控制自我具体可以从以下哪些方面着手?(　　)
A. 不断完善可控自我,接纳不可控自我
B. 保持适当的自我期望水平
C. 放弃个人意见而采取大多数人的立场
D. 对经验持开放态度,树立自信心

20. 努力超越自我具体可以从以下哪些方面着手？（　　）
    A. 欣赏自我，轻视别人
    B. 超越自我是毕生发展的课题
    C. 进行积极的自我探索，寻求突破和超越
    D. 用实际行动带动自我意识的积极发展

三、判断题

1. 自我意识不是与生俱来的，是人们后天在社会实践、社会交往中形成的，特别是随着语言和思维的发展，人们逐步认识自身和环境。自我意识是人的意识区别于动物心理的重要标准。（　　）
2. 心理学研究表明，一个人的自我意识是由自我认识、自我体验和社会自我构成的。（　　）
3. 从内容上看，自我意识的内容可分为生理自我、物质自我、社会自我三种。（　　）
4. 社会自我就是个体对自己在一定的社会关系、人际关系中的角色的认识。（　　）
5. 自我评价是自我意识发动和维持的条件。（　　）
6. 自我体验属于情绪、情感的范畴，主要包括自尊、自信、自卑、自负、自责、自豪等方面的内容。（　　）
7. 自我调控是指个体对自己的心理、行为和态度等方面的调节，主要包括自主、自立、自律、自我教育、自我控制等方面的内容。（　　）
8. 容易使人处于自我觉知状态的个性特质可被称为自我意识倾向，简称自我意向。（　　）
9. 一般说来，自我意识倾向导致的自我觉知常会使个体产生紧张感或窘迫感，而环境因素引起的自我觉知不会如此。（　　）
10. 自我意识发生和形成主要有物-我知觉分化、人-我知觉分化和学会自我评价三个标志。（　　）
11. 生理自我是最原始的形态，是个人对自己身体、年龄、容貌、性别、健康状况以及所有物等方面的认识。（　　）
12. 李白的“天生我材必有用，千金散尽还复来”说的是一种自我价值感，也是一种自我放纵。（　　）
13. 古希腊伟大的哲学家柏拉图认为，最先和最后的胜利总是征服自我。（　　）
14. 自负是指个体自以为是、自命不凡的一种情感体验和情绪表现，是一种自信的表现。（　　）
15. 个体感觉自己的健康状况不佳，从而产生焦虑、苦恼。前者属于自我认知，后者属于自我意向。（　　）

学、思、践、悟

第四章 个性的自我修炼

——大学生人格发展

学习目标

通过学习了解人格的基本知识、当代大学生的人格特征和自我人格发展状况，掌握大学生常见人格缺陷的表现、形成原因及调适方法。

学习内容

一、人格概述

（一）人格的内涵

1. 什么是人格

人格是指个体在长期的生活过程中，形成的相对稳定的心理特点和行为方式的总和。它包括认知、情感、意志等方面的特征。

2. 人格的基本特征

（1）独特性：每个人的人格都是独一无二的，受到遗传、环境和个体经验的影响。

（2）稳定性：人格具有相对稳定性，但也受到生活经历和环境变化的影响。

（3）统合性：人格是多个特点的综合体，包括认知、情感、动机等方面。

（4）功能性：人格特点对个体的适应能力和生活能力具有重要作用。

3. 大学生人格发展的基本特征

（1）思维活动的矛盾性：大学生面临各种知识、观念的碰撞，思维活动可能出现矛盾和冲突。

（2）情绪活动的波动性：大学生情感较为丰富，情绪可能波动较大。

(二) 健全人格的标准

1. 内部心理和谐发展

拥有健全人格的人应该具备内心的平衡和和谐,不过分偏向某一方面。

2. 正确处理人际关系,发展友谊

拥有健全人格的人需要具备良好的人际交往能力,建立积极的人际关系。

3. 把自己的智慧和能力有效地运用到生活中

拥有健全人格的人不仅关注内心的和谐,还要在实际生活中发挥智慧和能力。

(三) 人格形成与发展的影响因素

人格形成与发展的影响因素见表 4-1。

表 4-1　人格形成与发展的影响因素

因素	描述
生物遗传因素	遗传基因对人格特点有一定影响
社会文化因素	文化、价值观念、社会环境塑造人格
家庭环境因素	家庭教育、家庭氛围对人格发展至关重要
儿童早期经验	儿童时期的经历对人格形成有深远影响
学校教育因素	学校教育提供知识、技能,培养健全的人格
自然物理因素	环境、气候等对人格产生影响
自我调控系统	个体自我意识、自我评价、自我控制等对人格发展起着关键作用

二、大学生的人格与心理健康

(一) 气质与心理健康

1. 心理学意义的气质

气质是指个体在生理和心理上表现出来的相对稳定的特点,它对于人的心理健康具有重要意义。

2. 气质的类型

气质的类型和特点见表 4-2。

表 4-2　气质的类型和特点

气质类型	描述	特点
胆汁质	积极、活跃、冒险	喜欢挑战和竞争,但也容易焦虑和愤怒

（续表）

气质类型	描述	特点
多血质	外向，善于交际	兴趣广泛，但有时缺乏持久性
黏液质	温和、稳重，善于合作	对细节敏感，但有时过于保守
抑郁质	内向，情感较为深沉	善于思考，但容易忧虑和沮丧

3. 正确认识气质

（1）气质并无好坏之分。每种气质都有其优点和局限，没有绝对的好坏之分。关键在于如何发挥自己的优势，同时克服不足。

（2）不同气质的人处理问题的方式不一样。不同气质的人在面对问题时，会有不同的思维方式和应对策略。了解自己的气质有助于更有效地解决问题。

（3）气质具有一定的可塑性。尽管气质相对稳定，但在一定程度上是可以改变的。通过自我认知和心理训练，可以调整自己的气质特点。

（4）气质是复杂的。气质不仅受遗传因素影响，还受环境、教育等多方面因素的影响。了解这些复杂因素有助于更全面地认识自己。

（5）气质对人际关系的影响。不同气质的人在人际交往中表现出不同的特点。学会理解和包容他人的气质，有助于建立良好的人际关系。

（6）气质与择业。不同职业对气质有不同的要求。在选择职业时，需要考虑自己的气质特点，以便更好地适应工作环境。

4. 扬长避短

了解自己的气质，有助于发挥优势，同时避免囿于气质的局限。要学会调整和适应，找到适合自己气质的职业。

（二）性格与心理健康

1. 性格的内涵

（1）性格体现出个人的独特性。每个人的性格都是独一无二的，反映了个体的特点和倾向。性格是人格的重要组成部分，它包括了个体的认知、情感和行为方式。

（2）性格具有相对的稳定性。性格相对稳定，但并不是完全不变的。在不同的生活阶段和环境中，个体的性格可能会有一些变化。

（3）性格在人格结构中具有核心意义。性格是人格的核心，影响着个体的思维、情感和行为。人格结构中的其他要素，如自我、自尊、动机等，都与性格紧密相关。

2. 性格对人生发展的影响

（1）性格对个人事业的影响。个体的性格特点会影响他们在职业领域的表现。例如，外向、适应性强的人可能更适合需要较强社交能力的职业，而内向、细致的人可能更适合需要深入思考的职业。

(2) 性格对健康的影响。性格与身体健康之间存在一定的关联。例如,乐观、积极的性格有利于身体的健康。

(3) 性格对人际关系的影响。个体的性格特点会影响个体与他人的相处方式。了解自己和他人的性格,有助于改善人际关系。

性格是一个复杂且多维度的概念,它受到遗传、环境、文化等多种因素的影响。了解自己的性格,接纳并发挥优势,同时努力改善不足,有助于促进心理健康和个人发展。

三、大学生的人格偏差与矫正

(一) 大学生常见的人格偏差

大学生常见的人格偏差类型见表 4-3。

表 4-3 大学生常见的人格偏差

人格偏差类型	描述	可能产生的影响
偏执型人格	过度怀疑他人、敏感,容易产生妄想	人际关系紧张、自我封闭,影响学业和职业发展
自恋型人格	以自我为中心,自我评价过高,缺乏同理心	难以合作,影响人际关系
冲动型人格	容易冲动、缺乏计划,做出行为前不加思考	产生学业、职业上的失误,甚至危及安全
回避型人格	害羞、胆小,不善应对社交场合	影响人际交往和职业发展
依赖型人格	过分依赖他人,缺乏自主性和独立思考能力	自我发展受限,无法独立应对挑战
强迫型人格	追求完美,过分注重细节,严格要求自己和他人	过度焦虑、压力过大,影响身心健康
反社会型人格	缺乏责任感,不顾他人感受,违反社会规范	违法犯罪、社会适应困难

(二) 矫正人格偏差,培育健全人格

1. 认识自我,扬长避短

了解自己的人格特点,发挥优势,同时认识不足之处。学会接纳自己,但也要努力改进。

2. 自我调适,矫正偏差

(1) 自我反省,觉察和矫正不良人格。深入思考自己的行为、情感和思维方式。

识别不良人格特点，比如过分的偏执、自恋、冲动等。明确问题，寻找矫正的方向。

(2) 阻断坏习惯，养成新的良好习惯。意识到不良习惯对人格偏差的影响，努力改变这些习惯。例如，如果存在冲动行为，可以通过意识训练、自我控制来阻断这些行为。

(3) 禁止破坏性行为。避免对自己和他人造成伤害，比如攻击性行为、反社会行为等。

(4) 加强自我情绪管理，提高情商水平。学会识别自己的情绪，寻找有效的情绪调节策略。培养同理心，理解他人的情感。

(5) 积极参加集体活动，求同存异。参与社交、团队活动，与他人互动，学会合作、妥协和沟通。

(6) 陶冶情操，提高素质。阅读、听音乐、欣赏艺术等活动有助于培养丰富情感和审美素养。

(7) 积极发展独立性和创新能力。学会独立思考、自主决策，寻找创新的解决方案。

(8) 脚踏实地，磨炼意志，培养良好的人格素质。坚持和努力提高自己的道德、伦理水平。

3. 充分利用校园成长资源，学会寻求社会支持和帮助

利用学校的资源，比如心理咨询服务、职业规划指导等，寻求专业的帮助。与同学、老师、社会各界人士交流，获取不同的观点和建议。

通过以上措施，可以逐步矫正人格偏差，培育健全的人格，为个人发展和职业成功打下坚实的基础。

生活中的心理学

一、什么是 MBTI 人格测试？结果可靠吗？

MBTI(Myers-Briggs Type Indicator，迈尔斯-布里格斯类型指标)人格类型测试是一种广泛应用于职业规划和人际关系改善的人格评估工具。它是由美国作家伊莎贝尔·布里格斯·迈尔斯和她的母亲凯瑟琳·库克·布里格斯共同研制的。MBTI 测试基于心理学原理，通过对个体在四个关键维度(动力、信息收集、决策方式、生活方式)的偏好进行评估，将个体划分为 16 种不同的人格类型。具体来说，这四个维度上各有两种可能的偏好倾向。

外倾(E，Extrovert)/内倾(I，Introvert)：这个维度描述了人们的注意力和能量集中的方向。外倾的人倾向于从外部世界获取能量，而内倾的人则更倾向于从内部世界获取能量。

感觉(S, Sensing)/直觉(N, Intuition):这个维度描述了人们如何处理信息。感觉型的人更注重具体的、实际的细节,而直觉型的人则更注重概念和抽象思考。

情感(F, Feeling)/思维(T, Thinking):这个维度描述了人们的决策方式。情感型的人在决策时更依赖于他们的价值观和情感,而思维型的人则更依赖于逻辑和理性分析。

判断(J, Judgment)/感知(P, Perceiving):这个维度描述了人们的生活方式。判断型的人喜欢制订计划并按照计划执行,而感知型的人则更灵活,喜欢适应不断变化的环境。

这四个维度的偏好倾向组合,产生了16种不同的人格类型,例如ISTJ(内倾感觉思维判断)、INTP(内倾直觉思维感知)等。每一种人格类型都有其独有的特征和优势,也有其适合的工作和生活方式。

MBTI测试的应用范围广泛,可以帮助个人了解自己的性格特点以及兴趣爱好,进而对职业进行规划,改善人际关系等。其结果在一定程度上是可靠的,但同时也存在一些局限性。因此,在使用MBTI测试结果时,应该保持谨慎和客观的态度,结合其他方面的信息和反馈来评估自己的个性特点和行为模式。同时,也要意识到人格是复杂和动态发展的,不要将自己简单地归为某种类型,而是应该尽可能地发展和探索自己的多种可能性。

二、什么是“i人”与“e人”?

“i人”和“e人”是MBTI人格测试中的两种类型,它们分别代表着内倾型和外倾型这两种截然不同的人格倾向,所反映的维度是个体注意力和能量集中的方向。具体来说,“i人”的注意力和能量集中于内部世界,他们通常更享受独处,善于独立思考,并从自我反省中获得精力。他们更倾向于在自己的内心世界中寻找满足和安宁。与此相反,“e人”的注意力和能量集中于外部世界,他们更愿意通过社交来获取能量,善于与他人互动,并且从与他人的交往中获得精力的提升。但是,MBTI人格测试的结果并非一成不变,即使是相同的人格属性也可能随着时间和经历而有所发展。因此,“i人”和“e人”不应被视为绝对的定义。

三、人格一旦形成后就不会改变了吗?

人格的形成受到多种因素的影响,包括遗传、环境、经历和自我调节等。虽然人格具有一定的稳定性,但这并不意味着它是一成不变的。通过多种手段和方法，个体可以逐渐改变自己的思维和行为模式，从而促进人格的改变。例如，通过积极的心理暗示、行为训练和情绪调节等方法，个体可以逐渐改变自己的思维和行为习惯，促进人格的发展。这种改变可能并不是彻底的转变，而是有所调整，让自己更加适应环境和需求。关键是要找准需要改变的内容和方向，并持之以恒地努力。

四、什么是多重人格障碍?

多重人格障碍（又称分离性身份识别障碍，Dissociative Identity Disorder，DID）是一种严重的心理障碍，它主要表现为身份的瓦解，即患者存在两种或更多相互独立、交替掌握个体意识及行动的人格状态。多重人格是一种精神变态现象，其中原人格（未分裂出其他人格时的患者）是主人格，而分裂出的人格是亚人格。这些不同的人格状态通常互不干扰，一个人格可能无法意识到另一个的存在。每个人格都有自己的记忆系统，这意味着一个人格可能不知道另一个人格的经历和感受。这种记忆隔离是多重人格障碍的一个重要特征。

多重人格障碍的发生与多种因素有关，包括童年创伤、不良环境（如长期被虐待、不安全依恋关系等）等。这些因素可能导致个体内心产生防御机制，从而形成不同的人格来应对不同的环境或压力。多重人格障碍的诊断主要基于临床表现，即患者至少有两种身份或人格周期性地控制其行为。患者一般难以自愈，需要及时的综合干预，包括以心理治疗为主、以药物治疗为辅的方法。心理治疗，如认知行为疗法和催眠疗法等，旨在整合分离的人格状态。药物治疗主要用于对症处理，如使用抗抑郁药、抗焦虑药等。

实践活动

学术启蒙

《诗》云："瞻彼淇澳，菉竹猗猗。有斐君子，如切如磋，如琢如磨。瑟兮僩兮，赫兮喧兮。有斐君子，终不可喧兮。"如切如磋者，道学也；如琢如磨者，自修也；瑟兮僩兮者，恂傈也；赫兮喧兮者，威仪也；有斐君子，终不可谖兮者，道盛德至善，民之不能忘也。

——《大学》

本段形象地描绘了君子在学问、自我修养、礼仪、外在威仪以及德行等方面的优秀品质，从而凸显了人格修养的重要性。

一、大五人格量表

大五人格量表(NEO Personality Inventory，NEO-PI)是基于大五人格理论编制的人格测试工具，由美国心理学家保罗·科斯塔(Pawl Costa)和罗伯特·马克雷(Robert Machray)在20世纪80年代提出，并经过多次修订和完善。它可以帮助个体了解自己的性格特点，指导个人成长和职业发展规划，请根据提示完成附录一“大五人格量表”。

二、情景剧表演

叶公问孔子于子路

叶公：子路，你的老师孔子是一个怎样的人？

子路：我也不知道怎么说。

(子路回到住处后，与孔子对话。)

子路：老师，今天叶公问我，您是一个怎么样的人。我不知道应该怎么回答他。

孔子：子由啊，你怎么不跟叶公说，“他的为人是这样的，发奋用功到连吃饭都忘了，快乐得忘记了忧愁，不知道衰老将要到来”。你就这样说啊。

三、意识之旅——感受生活

别样的葡萄干

① 嗅——打开葡萄干包装，拿起一枚葡萄干闻一闻，尽情感受葡萄干的芬芳，让香气弥漫你的整个身心。

② 看——花一点时间端详葡萄干，观察它的特征和凹凸不平的纹理。

③ 放——将葡萄干放入嘴中，不要咀嚼，仅仅品味它在舌头上带来的感觉。然后，用舌头缓缓感知它，持续30秒或者更长时间。

④ 嚼——当你准备好以后，有意识地咬一口。注意体会它释放的味道。当牙齿咬开葡萄干的时候，注意感受味道的变化，继续慢慢地咀嚼，但暂时不要吞咽，感受口腔内的变化。

⑤ 咽——当脑海中出现第一个吞咽念头时，请全神贯注地体会这个想法。注意体会舌头为了吞咽都做了哪些准备。尽量感受吞下葡萄干的过程。然后，有意识地让它在你的喉咙中慢慢滑落。注意体会吞咽完成后舌头的动作。

⑥ 感——最后，用一点时间感受吃完葡萄干后的影响。口腔中是否还有余味？没有了葡萄干，口腔的感受如何？是否有拿起另外一枚的欲望？

现在，请花一点时间，将刚才练习中注意到的所有细节都写下来。

下面是参加过这个活动的同学们的一些体会：

“我感觉味道非常特别，以前从未体会过。”

“我感觉那些葡萄干长得真丑……它们看上去很小，而且长满了皱纹。但是，味道与我原来想象的很不一样。真的很不错。”

“我感觉这样吃一枚葡萄干的滋味胜过连续吃三十几个葡萄干，以往我都是连想都不想，一股脑地扔进嘴里吞下。”

“我原来从来不吃葡萄干，这次用心品尝后，发现别有一番风味。还想再尝一尝。”

思考：

你感觉如何？是不是与平时吃葡萄干时不同？

____

与原来狼吞虎咽的方式相比，仔细品味葡萄干，它的味道是否更加美妙？

____

请同学们闭上眼睛，感受生活中的某项活动，需要做到集中注意力，专注于当下的感受。像平时一样活动，但需要观察自己是否全身心地投入。

① 刷牙；

② 跑步；

③ 阅读；

④ 从一个房间走到另一个房间；

⑤ 收拾房间或书桌；

⑥ 将垃圾丢掉……

请将你感受的活动写在这里：

____

____

课后，你需要每天都感受你选择的这项活动（观察体验一周），并将它当作一项任务。

例如，刷牙时，你的意识（思想）在哪里？留意自己当下的所有感受，包括牙刷和牙齿之间摩擦、触碰的感觉，牙膏的味道，口腔积累起来的湿润感，漱口时的所有动作等。

又如，洗澡时留意水在身上滑落的感觉，包括感受水流的速度、水温、水压等。注意留心洗澡时的所有动作，包括抹肥皂、转身、弯腰等身体活动。

如果决定用刷牙或者洗澡时间做一个计划或者进行思考，就要有意识地去做，时刻提醒自己这是需要关注的事情。

下一周，还可以针对另一项活动继续尝试这种做法。这样做的目的是鼓励我们接受脑海中正在进行的思维活动。这是我们培养专注力的一个好办法，但是需要我们不断地练习。

总结：

通过以上训练，学生学习如何有意识地感受日常生活，以便感受生活的本来面貌。这个过程虽然看起来很简单，但是需要我们反复练习才能有效果。

四、朗读活动

做最好的自己

道格拉斯·马罗奇

如果你不能成为山顶的一棵松
就做一丛小树生长在山谷中
但须是溪边最好的一小丛

如果你不能成为一棵大树,就做灌木一丛
如果你不能成为一丛灌木,就做一片绿草
让公路也有几分欢娱

如果你不能成为一只麝香鹿,就做一条鲈鱼
但须做湖里最好的一条鱼

我们不能都做船长,我们得做海员
世上的事情,多得做不完
工作有大的,也有小的
我们该做的工作,就在你的手边

如果你不能做一条公路,就做一条小径
如果你不能做太阳,就做一颗星星
不能凭大小来断定你的输赢
不论你做什么都要做最好的一名

五、自我评估

请尽量简略回答以下问题,并在小组内分享自己的答案。

① 我最欣赏自己的外貌特点是什么?

____

② 大家最喜欢我的是什么?

____

③ 在学习中我最有成就感的事情是什么?

____

④ 我最喜欢的一门课是什么?

____

⑤ 我最欣赏自己对学习的态度是什么?

____

⑥ 我最欣赏自己的一次成功经历是什么?

____

⑦ 我最让父母满意的是什么？

______

⑧ 我最欣赏自己对朋友的态度是什么？

______

⑨ 我最欣赏自己性格中的什么？

______

⑩ 我最欣赏对家人的态度是什么？

______

⑪ 我最欣赏的做事态度是什么？

______

组长组织组内讨论。

① 你是否同意每一个人都有长处？原因是什么？

______

② 你向别人介绍自己的优点时心情是怎样的？

______

③ 这个练习后你对自己的认识跟以前相比有没有不同？

______

④ 当你发现自己有这么多优点的时候，你的感受是什么？

______

⑤ 同学在介绍自己的优点的时候，你觉得他们对自己的评价跟以前你对他们的认识有没有不同？

______

⑥ 当你发现别人有这么多优点时，你的感受是什么？

______

总结：

每一个人都有其长处，有值得自己或他人欣赏的地方。对于优点应欣赏、珍惜并继续发展；对于缺点应了解并改善。

六、探索内心的自我——我的人生五样

在一个人的一生中，往往是一个选择决定了一条路；一条道路到达一方土地；在一方土地开始一种生活；一种生活形成一种命运。那么，作出正确决定的前提是什么？那就是你要弄清楚你到底要什么。为了弄清楚这个至关重要的问题，才有了这个心理游戏“我的人生五样”。

人生的选择多种多样，但今天只讲人生中特殊的五样东西。

步骤一：

① 放松身心，让大脑处于平静状态。

② 在以下空白处一笔一画地写上自己的名字。

________的人生五样

步骤二：

① 在以下空白处，以最快的速度写下你生命中最重要的五样东西。不必考虑顺序，排名不分先后。

注意：这五样东西，可以是实在的物体，比如食物、水或钱；也可以是人和动物，比如父母、伴侣、儿女或狗。可以是精神的追求，比如理想或宗教；也可以是爱好和习惯，比如旅游、听音乐。可以是抽象的事物，比如文学或哲学；也可以是具体的物品，比如一个瓷瓶或一组邮票。总之，你尽可以天马行空地想象，只要把你内心最珍贵的五样东西写出来就可以。

第一样东西：________________________________

第二样东西：________________________________

第三样东西：________________________________

第四样东西：________________________________

第五样东西：________________________________

② 全部写完后，请凝视你写的五样东西。此刻，在你面前，已经不再是空白的纸了，纸上有了你亲手留下的字迹。请你目不转睛地看着它们，屏住气，看一分钟。记住那些笔画顿挫和它们在你心中激起的涟漪。这些东西就是你生命中的挚爱。也许在今天之前，你还没有认真地思考和珍惜过它们，但从这一刻开始，你知道了什么是你维系生命的理由，什么是你的幸福所在。

注意：游戏到这里，已经完成了一半。现在，我们要完成另一半了。

步骤三：

人生是一条曲折小径，有很多意外潜伏其中。你也许要付出代价和牺牲，你可以悲伤和愤慨，但最重要的是，你还要继续前行。

你要舍去五样东西中的一样。请你拿起笔，把五样东西之中的某一样涂黑。

步骤四：

你的纸上只剩下四样珍贵的东西。此刻，生活又发生了重大变故。你必须再放弃一样东西。请你遵照游戏规则，用你的笔把四样东西当中的某一样涂黑。

步骤五：

白纸上还有三样东西。在生命进程中，你又遇到了险恶挑战。这一次，你又要放弃一样宝贵的东西了。请把三样东西中的某一样涂黑。

步骤六：

接下来，你必须作出最艰难也是最果敢的选择。你只能留下一样东西，其余全部放弃。

你的纸上只剩下了一样东西，这就是你最宝贵的东西。你涂掉了四样东西，它们同样是你宝贵的东西。被涂掉的顺序就是你心目中划分的主次等级。

请按自己心目中的重要性等级（最重要对应第一重要）写下你的五样东西。

第一重要：________________

第二重要：________________

第三重要：________________

第四重要：________________

第五重要：________________

也许有人会问，究竟剩下哪一样东西才是正确的呢？排列顺序有没有最终的正确答案？

从某种意义上说，心灵游戏都是没有答案的游戏。你按照自己的思维逻辑和价值观选择，作出你的排列组合，只要不妨碍他人，就没有对错之分。

每个人在小组分享并讨论：

① 出于什么原因这样排序？

② 你今天在活动里有什么体会和收获？

③ 你觉得本次活动还可以往哪些更好的方向发展？提出你的宝贵建议吧。

七、寻找优势

2～3人一组，相互询问对方以下问题。

① 在平日里，什么样的事情是你喜欢做的？

____

② 对你来说，什么令你觉得这一天过得最好。

____

③ 你认为自己最重要的成就是什么？

____

④ 当你处于最佳状态时，你在干什么？

____

⑤ 什么让你感觉到你是最真实的，什么让你感觉到这才是真正的你？

____

⑥ 你认为，在你所做的事情中，最能让人充满活力的是什么？

____

⑦ 你从哪里获得的能量最多？什么样的活动给你能量？

____

⑧ 当你觉得自己精力最充沛的时候会做些什么？

____

⑨ 讲讲你觉得自己能最大程度地体验到“真实自我”的时刻。

⑩ 你对未来有愿景(所向往的前景)吗?是什么?

⑪ 你对未来最大的期待是什么?

⑫ 想想在下周,当你处于最佳状态时你会做些什么?

小组内交流一下感受,并记录下来:

习题演练

一、单选题

1. 一个人具有情绪体验深刻,容易感觉到别人不易觉察的细小事物等内倾性心理特征。我们判断这个人的气质类型倾向于(　　)。

A. 多血质　　B. 抑郁质　　C. 胆汁质　　D. 黏液质

2. 一个人具有直率、热情、动作迅速、情绪体验强烈等外倾性心理特征。我们判断这个人的气质类型倾向于(　　)。

A. 多血质　　B. 抑郁质　　C. 胆汁质　　D. 黏液质

3. 什么有助于大学生今后更加适应社会?(　　)

A. 不信任任何人　　B. 充分了解个性

C. 坚持毫无根据的猜想　　D. 对自己过高要求

4. 大学生常见的人格偏差有(　　)。

A. 乐观型人格　　B. 偏执型人格　　C. 开朗型人格　　D. 积极型人格

5. 强迫型人格有什么特点?(　　)

A. 不一味严格要求　　B. 尽力做到最好就行

C. 做不做都无所谓　　D. 刻板固执,要求十全十美

6. 什么是反社会型人格?(　　)

A. 积极向上,乐观开朗

B. 懦弱胆小,敏感羞涩

C. 行为与整个社会相违背,处处引人注目

D. 思想行为固执

7. 如何改变自卑心理？（　　）

A. 建立信心，时刻告诉自己我能行

B. 躲在寝室玩游戏，不和别人接触

C. 一个人呆着

D. 说话的时候提高音量，让自己显得没那么自卑

8. 自恋型人格有什么特点？（　　）

A. 总是冲动　　B. 自吹自擂，装腔作势

C. 好妒忌、猜疑　　D. 缺乏勇气

9. 依赖型人格有什么特点？（　　）

A. 做事不考虑后果　　B. 错误一犯再犯

C. 刻板固执　　D. 以自我为中心，缺乏道德感

10. 人格有什么特性？（　　）

A. 独特性　　B. 自卑性　　C. 自恋性　　D. 愤怒性

11. 下列对稳定性人格的描述错误的是（　　）。

A. 人的行为表现出多元性、多层次

B. 人的某种特质一旦稳定就很难改变

C. 人格在不同时空下有稳定性

D. 这个特质不会轻易随时间改变

12. （　　）是最为核心的人格差异，是一个人对现实稳定的态度和与之相适应的习惯化行为方式的总和。

A. 气质　　B. 能力　　C. 性格　　D. 兴趣

13. 过分敏感、固执、多疑、警觉，嫉妒心强，自我评价过高是（　　）人格障碍的临床表现。

A. 偏执型　　B. 强迫型　　C. 分裂型　　D. 自恋型

14. 某学生活泼、好动、乐观、灵活，喜欢交朋友，爱好广泛，稳定性差，缺少毅力，见异思迁。他的气质类型属于（　　）。

A. 多血质　　B. 胆汁质　　C. 黏液质　　D. 抑郁质

15. 下列哪项不属于人格的基本特征？（　　）

A. 独特性　　B. 稳定性　　C. 可变性　　D. 统合性

16. 大学生人格发展的基本特征是什么？（　　）

A. 思维活跃，情绪稳定　　B. 思维矛盾，情绪波动

C. 思维片面，情绪起伏大　　D. 思维单一，情绪变化小

17. 人格的功能是什么？（　　）

A. 导致人的喜怒哀乐　　B. 决定人的生活方式和命运

C. 解释人的言行和事件的原因　　D. 以上都是

18. 下列哪项是民主型教养方式的特征？（　　）

A. 父母支配孩子　　B. 孩子做事缺乏主动性

C. 父母给予孩子一定的自主权　　D. 孩子表现出自私的行为

19. 在权威型教养方式下成长的孩子，可能形成哪种人格特征？（　　）

A. 积极、主动、独立　　B. 消极、被动、依赖

C. 任性、自私、无礼　　D. 活泼、快乐、直爽

20. 下列哪个选项描述了家庭教养方式的负面影响？（　　）

A. 孩子表现出诚实的人格特征

B. 孩子形成积极的人格品质

C. 孩子可能形成不诚实的人格特征

D. 孩子在家庭中处于平等和谐的氛围中

21. 人格培养的内因是（　　）。

A. 自然物理因素　　B. 自我调控系统

C. 学校教育因素　　D. 生物遗传因素

22. 心理学意义的（　　）是指人的心理和行为在动力方面的典型、稳定、持久的特征，即心理活动和行为的速度、强度、稳定性、灵活性及指向性方面的特点。

A. 气质　　B. 性格　　C. 能力　　D. 人格

23.《水浒传》中的鲁智深属于（　　）。

A. 多血质　　B. 黏液质　　C. 抑郁质　　D. 胆汁质

24. 希波克拉底将人的气质划分为（　　）种。

A. 3　　B. 4　　C. 2　　D. 5

25. 人格偏差自我矫正的主要方法不包括（　　）。

A. 自我反省，觉察和改进不良人格

B. 阻断坏习惯，养成新的良好习惯

C. 禁止破坏性行为

D. 不与人交流，自己单独呆着

二、多选题

1. 大学生人格偏差有下列哪些类型？（　　　）

A. 偏执型人格　　B. 自恋型人格　　C. 努力型人格　　D. 冲动型人格

2. 气质的类型包括（　　　）。

A. 抑郁质　　B. 胆汁质　　C. 黏液质　　D. 多血质

3. 人格的形成有哪些影响因素？（　　　）

A. 家庭环境因素　　B. 生物遗传因素

C. 社会文化因素　　D. 儿童早期经验

4. 人格的基本特征有（　　　）。

A. 独特性　　B. 稳定性　　C. 统合性　　D. 功能性

5. 下列说法正确的是(　　)。

A. 性格体现出个人的独特风格

B. 性格表现为特定的情感和态度

C. 性格在人格结构中具有核心的意义

D. 性格对于大学生来说不重要

6. 父母教养方式为权威型时孩童的性格是什么?(　　)

A. 消极　　B. 被动　　C. 自私　　D. 任性

7. 父母教养方式为放纵型时孩童的性格是什么?(　　)

A. 消极　　B. 被动　　C. 自私　　D. 野蛮

8. 父母教养方式为民主型时孩童的性格是什么?(　　)

A. 创造性差　　B. 独立　　C. 直爽　　D. 善于社交

9. 以下关于气质的认识,正确的有(　　)。

A. 气质无好坏之分

B. 气质有好坏之分

C. 不同气质类型的人处理问题的方式不一样

D. 气质具有一定的可塑性

10. 以下关于性格的认识,正确的有(　　)。

A. 性格无好坏之分　　B. 性格有好坏之分

C. 性格体现出个人的独特性　　D. 性格具有绝对的稳定性

11. 性格对人的影响主要体现在(　　)。

A. 对个人事业的影响　　B. 对个人健康的影响

C. 对人际关系的影响　　D. 对人无影响

12. 回避型人格有哪些特点?(　　)

A. 敏感羞涩　　B. 喜欢开玩笑

C. 懦弱胆小　　D. 缺乏自信

13. 大学生常见的人格偏差有哪些?(　　)

A. 自恋型人格　　B. 依赖型人格

C. 主见型人格　　D. 冲动型人格

14. 下列表述中,哪些属于气质的特征?(　　)

A. 恒定性　　B. 独特性　　C. 稳定性　　D. 先天遗传性

15. 健康人格的标准包括(　　)。

A. 内部心理和谐发展

B. 正确处理人际关系,发展友谊

C. 把自己的智慧和能力有效地运用到生活中

D. 人格内在不统一

16. 弗洛伊德认为人格结构由哪些部分组成？（　　）

A. 本我　　B. 自我　　C. 超我　　D. 本能

三、判断题

1. 在人格的形成和发展过程中，人格与气质、性格的关系最为密切。（　）
2. 人格不是由不同成分构成的一个综合系统，不同成分从不同的侧面反映个体的差异。（　）
3. 人格是一个丰富而复杂的心理成分，它凝聚着先天遗传、家庭、教育与社会文化等方面的个体风貌。（　）
4. 气质可分为抑郁质、胆汁质、黏液质、多血质。（　）
5. 不同气质的特征都是基本相同的。（　）
6. 气质本身无优劣之分，任何一种气质都有其积极和消极的方面，而且气质中的优缺点，往往是同一特点在相同方面的表现。（　）
7. 不同类型气质的人处理问题的方式不一样。（　）
8. 自我意识是个性的组成成分之一，既是个性形成的标志，也是推动个性发展的重要因素。（　）
9. 高估自我易自满，不会导致现实自我产生烦恼与矛盾。（　）
10. 大学生常见的人格偏差包括偏执型人格、自恋型人格、冲动型人格、回避型人格、依赖型人格和强迫型人格。（　）
11. 大学生心理发育很成熟，人格不会出现偏差。（　）
12. 人格是由气质和性格两部分构成的，都受先天遗传因素影响。（　）
13. 人格偏差的矫正有一定难度，所以不需要矫正。（　）
14. 采用积极的心态面对校园生活是大学生形成健全人格的一个重要因素。（　）
15. 胆汁质比黏液质好。（　）

学、思、践、悟

第五章 我的未来不是梦

——大学生生涯规划

学习目标

通过学习了解在大学期间需要发展的能力，并在此基础上对自己的大学生涯进行规划，有目的地安排自己的时间，更好地适应大学生活，获得自我发展。

学习内容

一、大学生心理发展

（一）人生发展阶段论与大学生的心理成长

爱利克·埃里克森（Erik H. Erikson）的人格发展八阶段理论对于理解个体在不同阶段的心理发展和适应至关重要，具体阶段如下。

1. 婴儿前期(0～1.5岁)：信任与怀疑

在这个阶段，婴儿需要基本信任，如果得到满足，就会产生希望；否则，可能形成胆小和懦弱的性格。

2. 婴儿后期(1.5～3岁)：自主与羞耻(或怀疑)

婴儿在这个阶段面临自主与羞耻（或怀疑）的冲突。如果自主性超过羞耻（或怀疑），就会形成意志力；否则，可能形成自我疑虑。

3. 幼儿期(3～7岁)：主动与内疚

在这个阶段，幼儿开始发展自我意识和主动性。积极解决危机有助于幼儿形成勤奋的美德和自尊心。

4. 童年期(7～12岁)：勤奋与自卑

孩子们在学校和社交环境中开始发展技能。如果他们能够克服挑战并获得成功，他们会形成勤奋的美德。

5. 青少年期(12～18岁):角色同一与混乱

青少年开始探索自我身份和社会角色,他们需要具有角色同一性,否则可能陷入混乱。

6. 成年早期(18～30岁):亲密与孤独

在这个阶段,个体需要建立健康的人际关系,否则可能感到孤独。

7. 成年中期(30～60岁):繁衍与停滞

成年人开始关注家庭、职业和社会责任,否则可能感到生活停滞。

8. 成年后期(60岁以后):完善无憾与悲观绝望

在晚年,人们回顾生活并寻求满足感。如果他们能够接受生命的不完美并感到满足,会觉得人生已经完善无憾,否则可能感到悲观绝望。

总之,个体的心理健康对人生发展产生深远的影响。大学生应该关注自身的心理成长,以应对未来的挑战,抓住机遇。

(二) 大学生在确立生涯目标过程中面临的心理困惑

(1) 把上大学看成人生的终极目标。

(2) 在众多选择面前无所适从。

(3) 拘泥于先明确目标后开始行动。

(4) 确立目标的过程中喜欢攀比,作出非理智的选择。

二、大学生职业生涯规划

(一) 性格特点与适宜的职业

约翰·霍兰德(John Holland)于1959年提出了具有广泛社会影响的人业互择理论,即霍兰德职业兴趣理论。他认为每个人性格各异,性格类型、兴趣与职业密切相关,兴趣是人们活动的巨大动力。凡是个体感兴趣的职业,都可以提高个体的积极性,促使个体积极愉快地从事该职业,且职业兴趣与性格特质之间存在很高的相关性。该理论根据劳动者的性格和择业倾向,将劳动者划分为6种基本类型,并将职业也划分为相应的6种类型:社会型、企业型、常规型、实际型、调研型和艺术型。

1. 社会型(S)

共同特征:喜欢与人交往、不断结交新的朋友,善言谈,愿意教导别人。关心社会问题,渴望发挥自己的社会作用。寻求广泛的人际关系,比较看重社会义务和社会道德。

典型职业:喜欢要求与人打交道的工作,从事提供信息,启迪、帮助他人,培训,开发或治疗等事务,如教育工作者(教师、教育行政人员)和社会工作者(咨询人员、公关人员)。

2. 企业型(E)

共同特征:追求权力、权威和物质财富,具有领导才能。喜欢竞争,敢冒风险,有野心、有抱负。为人务实,习惯计较利益与得失,以权力、地位、金钱等来衡量做事的价值,做事有较强的目的性。

典型职业:喜欢要求具备经营、管理、劝服、监督和领导才能,以实现政治、社会和经济目标的工作,如项目经理、销售人员、营销管理人员、政府官员、企业领导、法官、律师。

3. 常规型(C)

共同特征:尊重权威和规章制度,喜欢按计划办事,细心、有条理,习惯接受他人的指挥和领导,自己不谋求领导职务。喜欢关注实际和细节情况,通常较为谨慎和保守,缺乏创造性,不喜欢冒险和竞争,富有自我牺牲精神。

典型职业:喜欢要求注意细节、精确度、有系统性、有条理的工作,喜欢记录、归档、根据特定要求或程序组织数据和文字信息,如秘书、办公室人员、记事员、会计、行政助理、图书馆管理员、出纳员、打字员、投资分析员。

4. 实际型(R)

共同特征:愿意使用工具从事操作性工作,动手能力强,做事手脚灵活,动作协调。偏好具体任务,不善言辞,做事保守,较为谦虚。社交能力较弱,通常喜欢独立做事。

典型职业:喜欢使用工具、机器,适合需要基本操作技能的工作。对要求具备机械方面的才能、体力或与物件、机器、工具、运动器材、植物、动物相关的职业有兴趣,如技术性职业(计算机硬件人员、摄影师、制图员、机械装配工)和技能性职业(木匠、厨师、技工、修理工、农民、一般劳动者)。

5. 调研型(I)

共同特征:是思想家而非实干家,抽象思维能力强,求知欲强,肯动脑,善思考,不愿动手。喜欢独立的和富有创造性的工作。知识渊博,有学识才能,不善于领导他人。考虑问题理性,做事精确,喜欢逻辑分析和推理,不断探讨未知的领域。

典型职业:喜欢要求具备较高的智力,抽象分析能力、独立能力,并将其用于观察、估测、衡量,形成理论,最终解决问题的工作,如科学研究人员、教师、工程师、电脑编程人员、医生、系统分析员。

6. 艺术型(A)

共同特征:有创造力,乐于创造新颖、与众不同的成果,渴望表现自己的个性,实现自身的价值。做事理想化,追求完美,不重实际。具有一定的艺术才能和个性。善于表达、怀旧,情感较为丰富。

典型职业：喜欢要求具备艺术修养、创造力、表达能力和直觉，并将其用于对语言、行为、声音、颜色的审美、思索和感受的工作，不擅长从事事务性工作。适合的职业包括艺术方面（演员、导演、艺术设计师、雕刻家、建筑师、摄影家、广告制作人）、音乐方面（歌唱家、作曲家、乐队指挥）、文学方面（小说家、诗人、剧作家）。

这些类型为个人的职业选择提供了重要的指导，帮助人们将个人特质与适合的工作相匹配，从而实现自我并充分展示自己。

（二）生涯规划步骤

1. 了解已有资源

对于大学生而言，了解自身已有资源是制订生涯规划的第一步。这些资源主要包括个人的学习能力、专业基础、技能特长、实践经验以及兴趣爱好等。首先，大学生需要对自己的学习能力有一个清晰的认识，明确自己在各个学科领域的优势和劣势。其次，专业基础是大学生未来职业生涯的基石，因此，了解自己对专业领域内知识的掌握程度至关重要。再次，技能特长和实践经验也是大学生不可或缺的资源，它们能够增强大学生的竞争力，为其未来职业发展提供更多可能性。最后，兴趣爱好虽然不是直接的职业资源，但它们能够激发大学生的学习热情，提高学习效率，为未来的职业生涯增添色彩。

2. 发现自己的不足

在了解已有资源的基础上，大学生需要进一步审视自己，发现自己的不足之处。这些不足可能包括知识结构的缺陷、技能水平的不足、性格特点的局限以及个人能力的短板等。大学生应该通过自我反思、听取他人意见以及参加实践活动等方式，全面了解自己的不足，并制订相应的提升计划。通过不断学习和实践，大学生可以逐渐弥补自己的不足，提高自己的综合素质。

3. 社会资源分析

社会资源是大学生未来职业生涯发展的重要支撑。在生涯规划的过程中，大学生需要关注社会资源的变化和发展趋势，以便更好地把握职业机会。首先，大学生需要了解当前社会对于人才的需求状况，明确自己所学专业的就业前景和发展方向。其次，大学生需要关注政策环境和行业发展动态，了解国家对于相关行业的扶持政策和行业发展趋势。此外，大学生还可以通过参加实习、社会实践等活动，积累社会资源，为未来的职业生涯打下坚实的基础。

4. 明确选择原则

在生涯规划的过程中，明确选择原则至关重要。这些原则应该基于大学生的个人价值观、职业兴趣以及长远发展目标等因素。首先，大学生需要明确自己的职业目标和发展方向，以便在选择课程、参加实践活动时更加有针对性。其次，大学生需要关注自己的兴趣和特长，选择符合自己性格特点和优势的职业方向。最后,大学生还需要考虑自己的长远发展目标,制订符合自己目标的生涯规划方案。

5. 全面规划未来

在明确了已有资源、不足、社会资源以及选择原则后,大学生需要全面规划自己的未来。首先,大学生需要制订短期目标,如学期目标、学年目标等,以便更好地把握学习进度和方向。其次,大学生需要制订长期目标,如毕业后的发展方向、职业晋升计划等,以便为未来的职业生涯做好充分准备。最后,大学生还需要不断调整和优化自己的生涯规划方案,以适应不断变化的社会环境和个人发展需求。通过全面规划未来,大学生可以更好地实现自己的职业梦想和发展目标。

三、大学生的时间管理

(一) 时间和时间管理

1. 时间的概念

时间,作为一种无形的资源,它匀速地流逝,不会因任何人的意愿而加快或减慢。对于大学生而言,时间是宝贵的学习和生活资源。大学四年的时光,看似漫长,实则转瞬即逝。因此,正确理解时间的概念,认识到时间的有限性和不可再生性,是进行有效时间管理的前提。

2. 时间管理的概念

时间管理,是指通过科学的方法和技巧,合理安排和利用时间,以提高工作效率和生活质量的过程。对于大学生而言,时间管理不仅关系到学习的效率和效果,还会影响个人生活品质的提升。因此,掌握时间管理的技巧和方法,对于大学生来说至关重要。

(二) 时间管理的误区及其解决办法

1. 误区一:做事情缺乏计划

缺乏计划是时间管理中最常见的误区之一。许多大学生在学习过程中,往往没有明确的目标和计划,导致时间利用效率低下。为了走出这一误区,大学生需要学会制订明确的学习计划和目标,合理安排时间,确保每个时间段都有具体的学习任务。

2. 误区二:时间组织不当

时间组织不当也是影响时间管理效果的重要因素。有些大学生虽然制订了计划,但在实际执行的过程中,往往无法按照计划进行,导致浪费时间。为了走出这一误区,大学生需要学会合理安排时间,避免在琐碎的事情上花费过多时间,确保重要任务能够得到优先处理。

3. 误区三:时间控制不够

拖延是时间管理中的一大“顽疾”。许多大学生在面对困难和挑战时,往往选择拖延时间,导致任务无法按时完成。为了改变拖延的习惯,大学生需要学会设定明确的时间限制,制订具体的行动计划,并坚持执行。同时,也可以通过自我激励和寻求他人帮助等方式,增强自己的时间控制能力。

4. 误区四:整理整顿不足

整理整顿不足也是影响时间管理效果的因素之一。许多大学生在学习和生活中,往往缺乏整理整顿的习惯,导致学习和生活环境杂乱无章,影响学习效率和生活质量。为了走出这一误区,大学生需要学会定期整理自己的学习环境和物品,保持学习和生活的有序性。

5. 误区五:进取意识不强

进取意识不强也是导致时间管理失败的原因之一。有些大学生在学习过程中,缺乏进取心和竞争意识,导致学习动力不足,时间利用效率低下。为了走出这一误区,大学生需要树立正确的学习观念和竞争意识,激发自己的学习动力,提高时间利用效率。

(三) 省时之道

1. 等待的时候做什么

在等待的过程中,大学生可以充分利用这段时间进行学习和思考。例如,在排队或等人时,可以阅读书籍、复习知识或思考问题,以充分利用碎片时间。

2. 设立期限

设立明确的期限是提高时间利用效率的有效方法。大学生可以为每个学习任务设定具体的完成时间,并严格按照时间限制执行计划。这样不仅可以提高学习效率,还可以培养自己的时间管理能力和责任感。

3. 追求双赢模式

在与他人合作时,追求双赢模式可以节省双方的时间和精力。大学生可以通过协商和沟通,找到双方都能接受的解决方案,实现互利共赢。这样不仅可以提高合作效率,还可以改善人际关系和增强团队协作能力。

4. 回收时间

回收时间是指将浪费掉的时间重新利用起来。大学生可以通过反思和总结自己的学习和生活经历,找出浪费时间的原因和解决方案,并努力避免重蹈覆辙。同时,也可以通过制订更合理的计划和目标,将回收的时间用于更有价值的事情上。

生活中的心理学

一、我想过从事一些特别“酷”的职业，比如“元宇宙规划师”，可以吗？

对于未来职业发展的考虑是个体发展的一个重要体现。

兴趣是个人选择职业的重要因素之一。如果对元宇宙规划这个领域有浓厚的兴趣，那么这种兴趣可能会推动个体去发掘和探索这个领域的职业机会。能力也是选择职业的一个关键因素。元宇宙规划师需要具备技术、创新和战略性思考等多方面的能力。如果认为自己具备这些能力，那么从事这个职业的可能性就会增加。职业价值观也是影响职业选择的因素之一。如果认为元宇宙规划师的职业价值观与自己的核心价值观相契合，那么从事这个职业的动力就会更大。

二、担心自己找不到合适的工作怎么办？会不会毕业就失业？

这种情况往往与个体的焦虑情绪有关。这种焦虑主要源于对未来的不确定和对失败的恐惧。对此，可以采用一些心理学的应对策略。

首先，要认识到担心和焦虑并不能解决问题。这种情绪更多时候只能徒增压力，而不会有助于找到更好的解决方案。因此，应保持冷静和理性，尽可能减少情绪对决策的影响。其次，要积极寻找信息和资源。了解就业市场的动态、行业趋势和岗位要求，有助于更准确地定位自己的目标，并制订有效的求职策略。同时，也要充分利用学校的就业指导中心、招聘网站和社交媒体等资源，以扩大自己的求职渠道。再次，可以通过增强自身的能力来提升求职的成功率。这包括提升专业技能、沟通技巧、团队协作能力等。这些能力的提升不仅可以提升求职的竞争力，也能增强个人的自信心，从而减少对找不到合适工作的担忧。最后，要保持积极的心态。尽管求职过程中可能会遇到挫折和困难，但要相信每一次的经历都会让自己变得更强大。积极的心态可以激发出更多的潜力和可能性，最终使你找到一份满意的工作。

三、刷短视频、追剧、打游戏、学习、社团工作……大学生课余时忙得不亦乐乎。课余时间到底应该怎么分配？

课余时间的分配对于个人的心理健康和全面发展至关重要。首先，要给自己足够的休息时间。刷短视频、追剧、打游戏等活动能够提供即时的快乐和放松，但是过度沉迷于这些活动可能会影响你的睡眠质量和精神状态。因此，每天应该保证足够的睡眠时间，并且尽量控制娱乐活动的时间。其次，要分配一定的时间用于学习和自我提升。学习是学生的首要任务，通过学习和自我提升可以增加知识储备、提高学业成绩和增强个人能力。在学习的同时，也可以参加社团工作等课外活动，这有助于培养领导能力、社交能力和团队合作精神。最后，要寻找学习与娱乐的平衡。不要让课余时间完全被娱乐或学习占据，应寻求二者的平衡，尝试多样化的活动。例如，运动、听音乐、阅读书籍等活动有助于促进身心健康和全面发展，提高生活质量和学习效率。

四、职业规划和时间管理真的有效果吗?

职业规划和时间管理在心理学理论中被认为是非常有效的促进个人发展的工具，可以帮助个人更好地掌控自己的职业生涯和日常生活，但也会受到个体差异的影响，不同的人可能会有不同的体验和结果。我们要找到适合自己的职业规划和时间管理方法。

职业规划可以帮助个人明确自己的职业目标，进而制订实现这些目标的步骤，这有助于提高工作满意度和职业满足感。明确的目标和计划可以降低决策的模糊性，从而缓解焦虑和提高工作效率。

时间管理同样在心理学上被证明是有效的。有效的时间管理可以提高个人的生产力，降低压力水平，并增强自我控制力。通过合理安排时间，人们可以更有效地完成任务，减少拖延，并更好地平衡工作和生活。此外，时间管理有助于提升自我效能感，使人们相信他们能够控制自己的生活和工作。

五、大学生怎样才能提升自己的就业竞争力？有什么好的建议吗?

大学生提升就业竞争力是一个涉及多个方面的复杂问题，包括提升自我认知、情商、时间管理能力，考证书和提高综合技能等。

第一，提升自我认知是提升就业竞争力的基础。大学生需要深入了解自己的兴趣、优势和职业价值观，以便找到最适合自己的职业方向。心理测试、反思和实习等方式可以帮助大学生更好地认识自己。第二，提高情商对于提升就业竞争力至关重要。情商是指一个人的情绪智力，包括情绪管理、自我激励、社交意识、人际关系管理等方面。在求职过程中，大学生需要学会管理自己的情绪、与他人建立良好的关系、在压力下保持冷静等。这些技能可以通过参加社团活动、志愿服务等方式来培养。第三，培养良好的时间管理能力也是提升就业竞争力的关键。大学生需要学会合理安排时间、高效地完成任务，以及从容应对突发事件。这可以通过制订计划、设置事件优先级及使用时间管理工具等方式来实现。

此外，多考证对于提升就业竞争力也有一定的帮助。各种证书可以证明一个人在某些领域具备一定的专业知识和技能，但要注意证书并不是万能的，要根据自己的职业规划来选择。

最后，大学生还应该注重培养自己的沟通能力和团队协作能力。在工作中，无论是与同事还是与上级进行沟通，都需要具备良好的表达能力和倾听能力；而团队协作能力则可以帮助大学生更好地融入团队，提高工作效率。

六、找到了一份“钱少、事多、离家远、压力大”的工作，怎么办？

找到一份“钱少、事多、离家远、压力大”的工作可能会带来负面情绪和压力。我们要学会应对这种不良情绪和压力，采取相应的策略，通过调整心态和采取适当的行动，可以更好地应对工作中的挑战和压力。

根据马斯洛的需求层次理论，人们的需求可以分为生理需求、安全需求、社交需求、尊重需求和自我实现需求。如果这份工作能够满足你的尊重需求和自我实现需求，那么你可以考虑坚持下去，并从中获得满足感。如果这种压力对心理健康产生负面影响，可以考虑采取一些缓解压力的方法，如运动、冥想、听音乐等，或者与朋友或家人交流。另外，也可以考虑重新审视自己的职业规划，你可以通过进一步的教育和培训来寻找更适合自己的职业。

七、家人、朋友、导师等对我们的职业规划和心理的影响重要吗？

人的心理发展是一个持续的过程，在这个过程中，我们不断地从周围环境中学习。家人、朋友和导师作为我们生活中重要的人，自然会对我们的职业规划和心理状态产生影响。人的心理具有主观能动性。这意味着我们并不是被动地接受外部影响，而是会根据自己的经验和需求，选择性地对这些影响进行解读和内化。因此，即使在相同的家庭、社交和教育环境下，每个人的职业规划和心理状态也会有所不同。虽然家人、朋友、导师等对我们的职业规划和心理有一定的影响，但职业选择仍需个人根据自己的情况和目标作出。

实践活动

学术启蒙

古之欲明明德于天下者，先治其国；欲治其国者，先齐其家；欲齐其家者，先修其身；欲修其身者，先正其心；欲正其心者，先诚其意；欲诚其意者，先致其知。致知在格物。物格而后知至，知至而后意诚，意诚而后心正，心正而后身修，身修而后家齐，家齐而后国治，国治而后天下平。

——《大学》

我们穷其一生都要提高自己的修养，从改变自己开始，以小我中见大我，从小我中成就大我，从而为国家作出贡献。

一、情景剧表演

孔子眼中的弟子所长

孟武伯：子路算得上有仁德吗？

孔子：仲由呵，一个具备千辆兵车的大国，可以让他去负责军事。至于他有没有仁德，我就不知道了。（相当于担任军事家或军队首长。）

孟武伯：冉求怎么样？

孔子：求呢，一个千户规模的大邑（古时指小的国家或者县城），一个具备百辆兵车的大夫封地，可以让他当总管。至于他的仁德，我弄不清。（相当于一个小国的丞相。）

孟武伯：公西赤怎么样？

孔子：公西赤呀，穿上礼服，站在朝廷上，可以让他和宾客会谈。他仁不仁，我就不知道了。（相当于担任外交官。）

二、发现优点

请小组每名成员依次接受小组中其他成员的夸奖；

每名小组成员轮流说出别人的优点，如性格、相貌、待人方式等，被夸奖者要真诚地接受并表达感谢。

要求：必须称赞别人的优点，称赞时要具体，态度要真诚，要努力发现别人的长处，不能毫无根据地吹捧。

请每名同学记录下大家说出的（本人）优点：

____

____

____

____

被称赞时哪些优点是自己以前觉察到的？

____

哪些优点是自己以前不知道的？

____

被人称赞时的感受如何?

____

称赞别人的感受如何?

____

三、培养习惯

请同学们制订一个小目标,如散步。散步是一项非常优质的运动,可以非常有效地缓解压力和改善心情。一次高质量的散步能够让我们更亲近这个世界,缓解我们的疲惫。

建议每天预留10～15分钟时间用来散步(可以根据自己的时间适当延长)。没有必要特意选定场地,只要保持一种开放的心态,放松身心,有节奏地、专注地散步即可。注意感受自己的双脚和双腿所有肌肉和关节流畅的活动。留意身边的一切,包括景色、声音和花香等。

请同学们闭上眼睛,调动自己的五感,感受花的芬芳、刚刚修剪过的草坪发出的清香,还有食堂飘过来的饭菜香;感受微风拂过脸颊,雨滴落在头上的惬意;倾听空气流动的声音。在散步时欣赏令我们愉悦的景致,体验无处不在的快乐。

散步(或其他运动)可以成为我们的习惯和爱好。如果希望自己能够坚持散步,可以邀请几个朋友,组成一个散步小分队,持之以恒地保持对生活的真切感受。

请同学们行动起来,制订一个散步(或其他运动)计划:

____

____

____

习题演练

一、单选题

1. 埃里克森是美国著名精神病医师,他把自我意识的形成和发展过程划分为(　　)个阶段。

   A. 5　　B. 6　　C. 7　　D. 8

2. 在埃里克森人格发展阶段理论中,哪个阶段的特征与需要是建立家庭生活,工作富有成效?(　　)

   A. 学龄期　　B. 青少年期　　C. 成年早期　　D. 成年中期

3. 下列哪个属于埃里克森人格发展阶段理论中青少年期的冲突?(　　)

   A. 自主与羞怯(或怀疑)　　B. 主动与内疚

   C. 角色同一与混乱　　D. 亲密与孤独

4. 下列属于大学生在确立生涯目标的过程中面临的心理困惑的是(　　)。

A. 先就业再择业　　B. 把上大学看成人生的终极目标
C. 人际交往会不会影响学习　　D. 就业压力大

5. 美国心理学家约翰·霍兰德在(　　)年提出了著名的职业兴趣理论。
A. 1956　　B. 1957　　C. 1958　　D. 1959

6. 在霍兰德的职业兴趣理论中,愿意使用工具从事操作性工作的属于哪种类型?(　　)
A. 实际型　　B. 调研型　　C. 艺术型　　D. 社会型

7. 在霍兰德的职业兴趣理论中,喜欢与人交往的属于哪种类型?(　　)
A. 实际型　　B. 调研型　　C. 艺术型　　D. 社会型

8. (　　)是生涯规划中最核心的部分,是大学生无法逃避的人生课题。
A. 职业选择　　B. 职业规划
C. 职业选择和规划　　D. 职业指导

9. 大学生有必要按照(　　)加强对自身的认识与了解,找出自己感兴趣的领域。
A. 职业生涯规划理论　　B. 他人经验
C. 成长经历　　D. 自我探索

10. 专业在未来的工作中不一定能起多大作用,但在一定程度上决定了自身的职业方向,因而(　　)是生涯规划的前提条件之一。
A. 随意学习　　B. 尽最大努力学好专业课程
C. 学习团队能力　　D. 人力资源

11. 通过自我分析,我们要明确自己选择的职业方向,即解决(　　)的问题。
A. 我想干什么　　B. 我能干什么　　C. 我选择干什么　　D. 我怎么干

12. 职业生涯目标是指可预想到的、有一定实现可能的(　　)。
A. 短期目标　　B. 中期目标　　C. 长远目标　　D. 理想目标

13. 时间体现了物质运动的顺序性和持续性,其特点是(　　),是一种特殊的资源。
A. 一维性　　B. 二维性　　C. 三维性　　D. 多维性

14. 什么是时间管理?(　　)
A. 浪费时间　　B. 控制时间
C. 有效利用时间　　D. 时间的选择

15. 下列属于时间管理的误区的是(　　)。
A. 有效利用时间　　B. 做事有计划
C. 组织工作不当　　D. 时间控制合理

16. 时间管理中最大的恶习是什么?(　　)
A. 分不清主次　　B. 不懂得取舍
C. 拖延成性　　D. 不善于利用资源

17. 时间的供给量是(　　),在任何情况下既不会增加,也不会减少。

A. 可变的　B. 可调控的　C. 固定不变的　D. 可以蓄积的

18. 所谓时间的浪费，是指对目标(　　)的时间消耗。

A. 有效　B. 合理　C. 毫无贡献　D. 毫无计划

19. 在霍兰德的职业兴趣理论中，肯动脑，善思考，不愿动手，喜欢独立和富有创造性的工作属于哪种类型？(　　)

A. 实际型　B. 调研型　C. 艺术型　D. 社会型

20. 在霍兰德的职业兴趣理论中，喜欢追求权力、权威和物质财富，具有领导才能的属于哪种类型？(　　)

A. 实际型　B. 调研型　C. 艺术型　D. 企业型

21. 在霍兰德的职业兴趣理论中，喜欢按计划办事，细心、有条理，习惯接受他人的指挥和领导的属于哪种类型？(　　)

A. 实际型　B. 常规型　C. 艺术型　D. 社会型

22. 根据职业方向选择一个对自己有利的职业以及能够实现(　　)的单位，是每个人的良好愿望，也是实现自我的基础。

A. 财富自由　B. 人身自由　C. 自我价值　D. 安全需要

23. 职业生涯规划的节点一般为(　　)。

A. 1～2年　B. 2～3年　C. 3～4年　D. 4～5年

24. 有关时间和时间管理，下列说法错误的是(　　)。

A. 时间管理所探索的是如何减少时间浪费，以便有效地完成既定目标

B. 时间管理的误区之一是工作缺乏计划

C. 时间管理的误区之一是目标刺激不强

D. 时间体现了物质运动的顺序性和持续性

25. 下列哪项习惯可以有效避免做事拖拉的问题？(　　)

A. 等人的时候看书

B. 把计划要做的事情都记录在日程本上，并写明完成时间

C. 设置刷短视频的时间

D. 整理书桌

二、多选题

1. 下列哪些属于埃里克森人格发展阶段理论中提到的阶段？(　　　　)

A. 婴儿期　B. 童年期　C. 青少年期　D. 成年早期

2. 埃里克森人格发展阶段理论中成年早期的个体主要受到的影响来自(　　　　)。

A. 友人　B. 异性　C. 学校　D. 竞争同伴

3. 大学生在确立生涯目标时常常面临哪些心理困惑？(　　　　)

A. 把上大学看成人生的终极目标

B. 在众多选择面前无所适从

C. 拘泥于先明确目标后开始行动

D. 确立目标过程中喜欢攀比，作出非理智的选择

4. 下列哪些是实现任何目标都需要的基本功和基本能力？（　　）

A. 写作水平　　B. 外语水平

C. 沟通能力　　D. 自我调节能力

5. 在大学生确立生涯目标的过程中，哪些现象是不可取的？（　　）

A. 总爱和别人攀比　　B. 盲目考证

C. 总怕落后于别人　　D. 不与他人攀比

6. 以下哪些类型属于霍兰德提出的职业类型？（　　）

A. 实际型　　B. 调研型　　C. 艺术型　　D. 社会型

7. 生涯规划步骤中的自我分析包含哪些内容？（　　）

A. 明确自己的兴趣　　B. 了解自己的特长

C. 了解自己的优势　　D. 明确劣势

8. 按照马斯洛的需求层次理论，人的需求包括（　　）。

A. 生理需求　　B. 安全需求　　C. 社交需求　　D. 尊重需求

9. 下列哪些属于职业生涯规划的原则？（　　）

A. 择己所爱　　B. 择己所长　　C. 择世所需　　D. 择己所利

10. 在分析已有资源时，应询问自己哪些问题？（　　）

A. 我学习了什么　　B. 我曾经做过什么

C. 我最成功的是什么　　D. 我以后做什么职务

11. 下列哪些表述体现时间的独特性？（　　）

A. 供给毫无弹性　　B. 无法蓄积

C. 无法取代　　D. 无法失而复得

12. 下列属于时间管理中时间组织不当的是（　　）。

A. 分不清主次　　B. 不懂得取舍

C. 不善于利用零碎时间　　D. 不善于利用资源

13. 做事情缺乏计划将导致哪些恶果？（　　）

A. 目标不明确　　B. 没有归类的习惯

C. 做事不能分清轻重缓急的顺序　　D. 没有时间分配的原则

14. 下面哪些属于时间管理中的省时之道？（　　）

A. 等待的时候做些事　　B. 追求双赢模式

C. 设立期限　　D. 设立目标，回收时间

15. 下列哪些做法属于时间管理？（　　）

A. 设立目标　　B. 制订计划　　C. 分配时间　　D. 权衡轻重

16. 自我分析中的社会资源分析包括哪些？（　　）

A. 社会分析　　B. 组织分析

C. 家庭分析　　D. 人脉资源分析

17. 下列做法中正确的是(　　)。

A. 在等待时看书,这样就不会浪费等待的时间

B. 把计划要做的事情写下来并在上面清楚标注完成时间

C. 设定玩游戏的时间

D. 想到什么就做什么

18. 有些人不做计划或不重视做计划,你认为可能的原因有(　　)。

A. 因过分强调“知难行易”而认为没有必要在行动之前多做思考

B. 不做计划也能获得实效

C. 不了解做计划的好处

D. 不知道如何做计划

19. 在职业生涯规划中,下列哪些规划方式比较合理?(　　)

A. 仅仅制订一个长远的规划

B. 把理想目标分解成若干个可操作的小目标

C. 根据自己的年龄划分目标

D. 以职业发展道路中的职位、职务阶段性变化为划分标准,确定不同的努力目标

三、判断题

1. 时间管理所探索的是如何减少时间浪费,以便有效地完成既定目标。(　　)
2. 时间的四种特性:供给有弹性、无法蓄积、无法取代、无法失而复得。(　　)
3. 工作缺乏计划是时间管理的误区之一。(　　)
4. 时间控制足够是时间管理的误区之一。(　　)
5. 时间组织不当包括分不清轻重缓急和不懂得取舍。(　　)
6. 时间组织不当包括不善于利用零碎时间和不善于利用资源。(　　)
7. 目标刺激不强是时间管理的误区之一。(　　)
8. 职业生涯目标是指可预想到的、有一定实现可能的长远目标。(　　)
9. 职业生涯规划的节点一般以3～4年为合适。(　　)
10. 时间管理的省时之道中的双赢模式精髓是:人与人之间存在合作的潜力,合作将能取得远大于个人凭一己之力所创造的成就。(　　)
11. 管理时间有效的办法是想到什么做什么。(　　)
12. 有些人之所以让时间白白流逝而毫无悔痛之意,最根本的原因就是缺乏进取意识,缺乏对学习和生活的责任感与认真的态度。(　　)
13. 时间的供给量是可变的,在任何情况下既不会增加,也不会减少。(　　)
14. 我们探索减少时间浪费的途径便是培养走出时间管理误区的技能。(　　)
15. 做事情缺乏计划会导致做事不能分清轻重缓急。(　　)

学、思、践、悟

第六章 书山有路"心"为径

——大学生学习心理

学习目标

通过学习了解大学生活的特点及学习心理障碍，学习掌握心理障碍的调适方法，提高学习能力和学习效率。

学习内容

一、学习特点与积极心理

（一）学习的概念

学习是个体不断适应环境、实现自我发展的重要过程。它不仅涉及知识的获取，还包括技能的掌握、态度的塑造以及价值观的形成。学习是一个终身的过程，它要求个体具有持续的好奇心和探索精神。

（二）大学生的学习特点

大学生的学习具有以下特点：首先是创新性，大学生要独立思考，勇于创新；其次是自主性，大学生要自我驱动，自我管理；再次是专业性，大学生要深入掌握专业知识和技能；最后是实践性，大学生要将理论知识应用于实践，解决实际问题。大学生各阶段学习的特点见表6-1。

表6-1　大学生各阶段学习的特点

阶段	特点
大一	学习愿望强烈；学习的生理条件成熟；自觉性较强；学习动机不足；心理条件不够；情绪波动较大
大二	学习兴趣与学习热情处于全盛时期，独立学习能力增强；学习目标与学习态度出现差异

（续表）

阶段	特点
大三	学习目标、态度和学习兴趣定型；对所学专业是否符合个性特点的认识明朗化；学习中存在失落感、缺憾感和紧迫感

（三）学习的积极心理

1. 端正学习态度

学生应以积极、认真的态度面对学习，认识到学习的重要性和价值。

2. 掌握正确的学习方法

学生需要掌握有效的学习策略，如时间管理、信息整合等，以提高学习效率。

3. 注重创新能力的培养

在学习过程中，学生应发展批判性思维和创新能力，培养解决问题的能力。

4. 树立终身学习的理念

学生应认识到学习是一个持续的过程，无论在学校还是社会，都应不断学习和进步。

二、学习心理障碍与调适

（一）学习疲劳

1. 疲劳的概念

疲劳是指个体因为学习方法不当或者过度学习而导致的学习效率下降或者身体不适状态，可分为生理的疲劳和心理的疲劳两种，见表6-2。

表6-2 大学生疲劳的分类

疲劳分类	生理疲劳	心理疲劳
表现	有躯体症状	有消极情绪体验或学习效率下降等，容易走神、易受干扰，多余动作或无关动作增多
调适方法	科学用脑、注意劳逸结合、遵循人体生物节律、养成良好的习惯、培养对学习的兴趣、创设良好的学习情境	

2. 学习疲劳的表现

学习疲劳的表现包括注意力不集中、记忆力下降、情绪低落等。

3. 造成学习疲劳的原因

原因包括学习方法不当、学习时间过长、缺乏休息等。

4. 改善学习疲劳的建议

建议合理安排学习时间，采用科学的学习方法，并保证充足的休息时间和适当的体育锻炼。

(二) 考试焦虑

1. 考试焦虑的概念

考试焦虑通常在面临重要考试时出现,包括过度担忧和紧张。

2. 考试焦虑的表现

考试焦虑的表现可能包括失眠、食欲不振、心跳加速等生理反应,以及消极情绪和逃避行为。

3. 缓解考试焦虑的建议

(1) 自信训练法:通过一系列自信训练活动,如公开演讲、正视他人等,帮助自己增强自信,减轻焦虑。

(2) 合理认知法:学生需要识别和改变不合理的信念,如绝对化要求、以偏概全等,以更积极的态度面对考试。

三、学习能力的培养与开发

(一) 利用记忆策略

记忆分为3个阶段,即感觉记忆、短时记忆和长时记忆。先通过感觉记忆进行信息编码,容量很大,但时间很短,只有0.25～2秒。短时记忆相当于储存过程,一般储存时间少于1分钟,比如短时记忆电话号码,默念后进行拨打,拨出去后就会忘记。长时记忆是对短时记忆的信息进行充分加工后,长时间地保存下来,以便于随时提取的记忆,容量没有限度。

艾宾浩斯记忆遗忘曲线(图6-1)是德国著名心理学家赫尔曼·艾宾浩斯(Hermann Ebbinghaus)发明的。他研究发现,遗忘是有规律的,最初遗忘速度很

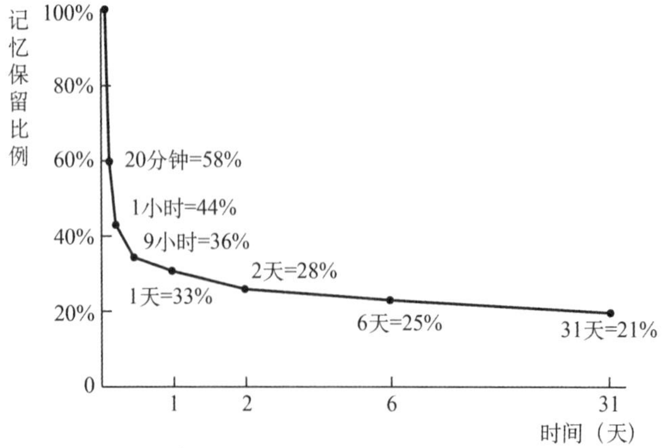

图6-1 艾宾浩斯记忆遗忘曲线

快，之后逐渐变慢。记忆有8个周期，第一个记忆周期为5分钟；第二个记忆周期为30分钟；第三个记忆周期为12小时；第四个记忆周期为1天；第五个记忆周期为2天；第六个记忆周期为4天；第七个记忆周期为7天；第八个记忆周期为15天。所以一般记住事物后，可在5分钟后重复一遍，30分钟后再重复一遍，以此类推，在12小时后、1天后、2天后、4天后、7天后、15天后重复记忆，就会记得很牢。

（二）利用首因效应和近因效应

首因效应和近因效应是心理学中两个重要的概念，它们在学习和记忆过程中起到关键作用。首因效应指的是人们更加容易记住最先接触到的信息，而近因效应则是指人们更容易记住最后接触到的信息。这两种效应在学习过程中可以被有效利用，以提高记忆效率。

首因效应的应用：在学习新知识时，可以尝试将最重要的概念或信息放在学习材料的开头，这样有助于加深对这些信息的记忆。例如，在学习一门新课程时，先了解核心概念和理论，建立一个坚实的基础，从而更好地理解和记忆后续内容。

近因效应的应用：在复习或总结时，将重点内容放在最后，可以提高这些内容的记忆效果。例如，在准备考试时，最后复习的重点知识点可能会更加清晰地留在记忆中。

（三）利用学习迁移

学习迁移是指一种学习活动对另一种学习活动的影响。正迁移是指先前的学习经验能够促进新知识的学习，而负迁移则是指先前的学习经验对新知识的学习产生干扰。为了有效利用学习迁移，学生应该发掘自己先前的学习经验，并尝试将其与新知识联系起来，以促进理解和记忆。同时，要注意避免那些可能导致负迁移的先入为主的观念。

（四）认清自己的学习类型

每个人都有自己独特的学习风格，包括视觉型、听觉型和触觉型。视觉型学习者更倾向于通过视觉材料（如图表、图片和视频）来学习；听觉型学习者更喜欢通过课堂听讲或音乐来吸收信息；触觉型学习者则更倾向于通过动手操作和实践来学习。了解自己的学习类型，并找到与之相匹配的学习方法，可以显著提高学习效率。

生活中的心理学

一、在期末考试前夕，突然感觉自己平时学的东西都忘光了，这是什么情况？

这种情况可能是由“记忆抑制”或者焦虑情绪引起的。记忆抑制是指在某些情况下，我们的大脑会主动忘记一些信息，以减轻记忆负荷。在期末考试前夕，由于需要记忆的内容较多，大脑可能会选择性地忘记一些不太重要的信息，以保证重要的信息能够被更好地记住。这种情况在大脑疲劳或者缺乏睡眠时会更加明显。而焦虑情绪也可能导致类似的情况发生。期末考试是一次重要的评估，学生会因此感到紧张和焦虑。这种情绪可能会导致注意力不集中，思维混乱，甚至出现“忘掉所有学过的知识”的感觉。其实这些知识并没有被忘记，只是学生因为情绪的影响，短时间内无法回忆起来知识。

无论是哪种情况，都不必过于担心。为了缓解这种情况，可以尝试进行深呼吸或者放松训练来缓解焦虑，保证充足的睡眠和饮食，适当地进行复习和练习，以增强记忆效果。同时，可以尝试使用不同的学习方法和策略，以提高记忆效率和应对考试压力。最重要的是保持积极的心态和自信心，相信自己能够克服困难并取得好成绩。

二、上课的时候，我总是觉得自己没听懂，可是室友却说很简单，他们是不是在炫耀？

在处理这个问题时，我们首先要考虑3个核心概念：认知偏差、个体差异以及知觉与客观性的关系。认知偏差是指个体理解和解释信息存在差异。在上课的时候，你可能会因为对课程内容理解不足或理解的深度不够，而产生认知偏差，导致你觉得自己没听懂。而你的室友可能有不同的理解方式或背景知识，因而觉得学习内容相对简单。个体差异是指每个人都有不同的学习风格、知识背景和经验，这些都影响他们对同一信息的理解和接受程度。这就是为什么同一课程内容，对某些人来说简单，而对另一些人来说复杂。知觉是个体对外部世界的解释，而客观性则是真实世界的反映。你的知觉可能是基于你的理解程度和知识背景，而课程内容的客观性可能并未被完全反映在你的知觉中。

至于室友是否在进行炫耀行为，也需要考虑情境和个体差异。如果他们在充分了解你的困扰的情况下评价课程内容简单，那可能确实是炫耀行为。但如果他们真心觉得内容简单，并且不了解你的困惑，那么他们的评价可能是真诚的，这并不是炫耀，所以需要进一步评估情境和个体的动机及意图。

三、每次一想到要背书，我的脑袋里就开始循环“播放”各种歌曲，到底怎么样才能专心？

这种现象可能是在面对任务时的一种自我调节方式，脑中“播放”歌曲就是转移注意力，以此避免对背书的焦虑，或者背书时处于一个容易分心的环境，使你的注意力被歌曲所吸引。

要解决这个问题，首先，你要找到原因。是因为无聊还是觉得背书很难？其次，你需要制订一个合理的背书计划。将大的任务分解成小的任务，每次只专注于完成一部分，可以有效减轻焦虑。同时，要确保你的学习环境是安静的，没有干扰。此外，你可以使用一些心理技巧来帮助自己集中注意力，比如深呼吸、冥想或者使用“番茄工作法”等时间管理技巧。这些技巧可以帮助你更好地控制自己的思维，避免分心。最后，你需要给自己足够的休息，避免学习疲劳。通过合理安排时间和休息，你可以更好地控制自己的思维，专心完成背书任务。

四、为什么每次一考试，我就会变成“考试机器”，感觉自己只会机械地答题？

这种现象属于考试焦虑，了解以下心理机制有助于更好地应对。

应激反应：考试作为一种压力源，可能会触发人的应激反应。在应激状态下，个体的思维、情感和行为都可能变得狭窄和机械，降低了心理和生理的唤醒水平。

自我意识效应，当人们过度关注自己的内部状态时，可能会感到“脱离”，感觉自己不再是日常生活中的自己，而是变成了一个“机器人”。

习惯性思维：个体如果在考试中过于依赖某种特定的思维模式或知识结构，可能会产生一种思维僵化的感觉，表现为似乎失去了自己的独特性和创造性。

自我价值保护：在考试环境中，由于担心表现不佳会损害自我价值，个体可能会选择“安全”的答案，而不是冒险尝试新的或具有创新性的答案。

注意力有限：考试情境可能使人的注意力过于集中在考试上，以至于忽略了其他情感和认知方面的体验。

通过调整应对策略、提高心理素质或寻求专业支持，可以减少这种机械式应试的感觉，增强自己的应变能力和思维的灵活性。

五、在大学里，你觉得自己的学习压力指数“爆表”了，还是一直都很稳定？

在大学学习生活中，每个人的学习压力指数都是不同的，这取决于个人的学习目标、时间管理、自我期望以及应对压力的方式等多种因素。我们需要明确学习压力指数不是越强越好，过度的压力反而可能影响学习效果。适度的压力可以激发人的潜能，提高学习效率，而压力过大则可能导致焦虑、抑郁等心理问题，影响学习甚至身体健康。

大多数大学生的学习压力指数是动态变化的。在学期开始时，由于新的学习目标和课程的挑战，压力指数可能会上升。随着对课程的逐渐适应和学习的深入，压力指数可能逐渐稳定。但如果遇到课业负担过重、考试等情况，压力指数又可能上升。

为了保持稳定的学习压力指数，我们可以采取一些应对策略。例如，制订合理的学习计划，避免拖延；保持良好的作息习惯和健康的生活方式；遇到困难时积极寻求帮助；定期进行放松和减压活动。通过合理的管理和应对，我们可以将自己的学习压力指数保持在适度的范围内，从而更好地享受大学的学习生活。

六、最近我总是失眠，冥想、喝热牛奶都不管用，是不是“考试焦虑症”又犯了？

失眠的原因有很多，从心理学角度来看，失眠可能是压力、焦虑、抑郁、生活作息不规律等多种原因导致的。如果你最近面临考试压力，的确可能会引发焦虑和失眠，但这并不是唯一的解释。

我们需要了解失眠的症状和原因。失眠通常表现为入睡困难、睡眠质量差、早醒等，而原因则可能包括心理因素、生理因素和环境因素等。冥想、喝热牛奶等方法对于不同的人的效果也是不同的，因为每个人的心理和生理状况都不同。针对失眠问题，我们可以采取多种心理治疗方法，如认知行为疗法、放松训练、生物反馈等。这些方法可以帮助你调整心理状态、改善睡眠质量。同时，保持良好的生活习惯和饮食也是非常重要的，如保持规律的作息时间、避免过度摄入咖啡因和酒精等。

最后，如果你认为自己有“考试焦虑症”，建议及时寻求专业的心理咨询和治疗。专业的心理咨询和治疗师能够根据你的具体情况提供更具体的建议和治疗方案。

七、大学里最"致郁"的事情是什么？是挂科吗？

在大学里，许多事情都可能引发学生的抑郁情绪，挂科只是其中之一。从心理学的角度来看，大学里最"致郁"的事情可能包括以下 3 个方面。

第一，自我价值的质疑。大学生处于自我认同和自我价值确认的重要阶段。如果大学生在某些方面（如学业、社交等）遭遇失败，可能会产生强烈的自我怀疑和自我否定，进而引发抑郁情绪。

第二，未来的不确定性。大学生常常会面临未来的职业、人生规划等方面的压力，这些压力可能导致焦虑和抑郁。特别是当大学生对自己的未来感到迷茫或无助时，抑郁情绪更加强烈。

第三，人际关系的问题。大学生活中的同学关系、恋爱关系等人际关系问题也可能引发抑郁情绪。例如，当学生感到孤独、被排挤或被拒绝时，可能会陷入消极的情绪。

至于挂科是否会"致郁"，这取决于个体差异。对于一些学生来说，挂科可能只是一个小挫折，他们能够克服困难并从中总结经验。但对于一些心理承受能力较弱的学生，挂科可能会引发他们对自我价值的质疑，导致抑郁情绪的产生。因此，对于大学生来说，保持积极的心态、设定合理的目标、寻求社会支持等都是预防抑郁的有效方法。

八、大学生应该如何保持一个健康的心理状态，快乐学习？

在心理学视角下，大学生要保持健康的心理状态并快乐学习，需要平衡生活方式、建立良好人际关系、培养自我调节能力和树立正确的价值观和学习动机。

保持平衡的生活方式是至关重要的。大学生需要合理规划时间，既要有足够的学习时间，也不能忽视休息和娱乐。疲劳和压力过大会导致心理问题的出现，因此，定期进行休闲活动，如阅读、运动、听音乐等，可以帮助缓解压力，增强心理健康。

建立良好的人际关系也是保持心理健康的关键。与同学、老师和家人保持良好的沟通，可以分享心情，获得支持和理解，有助于减轻心理压力。

培养自我调节能力也十分重要。要学会认识和管理自己的情绪，遇到困难时能积极应对，而不是逃避或过度焦虑。通过自我调节，大学生可以更好地处理生活中的压力和挑战。

树立正确的价值观和学习动机。要明确自己的学习目标，理解学习的真正意义，从而避免因过度追求成绩而产生心理压力。

实践活动

学术启蒙

博学之，审问之，慎思之，明辨之，笃行之。有弗学，学之弗能，弗措也。有弗问，问之弗知，弗措也。有弗思，思之弗得，弗措也。有弗辨，辨之弗明，弗措也。有弗行，行之弗笃，弗措也。人一能之，己百之；人十能之，己千之。果能此道矣，虽愚必明，虽柔必强。

——《中庸》

汤之《盘铭》曰："苟日新，日日新，又日新。"

——《大学》

学习需要内心坚韧，有创新思维。学习的过程即通过不断的努力和自我更新来达到更高的境界。学习不仅需要毅力和恒心，还需要持续的自我反思和改进，从而在学习过程中实现个人的成长和发展。

情景剧表演

颜回的好学

鲁哀公：您的学生中谁最爱好学习？

孔子：有个叫颜回的最爱学习。他从不迁怒于别人，也不犯同样的过错，只是他不幸短命死了。现在没有这样的人了，再也没听到谁爱好学习了。

习题演练

一、单选题

1. 大学生的学习特点是（　　）。

A. 老师监督　　B. 自己攻读

C. 他人帮助　　D. 和高中一样

2. 下列不属于大学生学习特点的是（　　）。

A. 学习的创新性　　B. 学习的专业性

C. 学习无主见　　D. 学习的实践性

3. 改善学习疲劳的方法是（　　）。

A. 认真学习　　B. 多读点书

C. 培养学习能力　　D. 适当休息

4. 良好的学习环境对大学生有什么作用？（　　）

A. 心烦意乱　　B. 焦躁不安
C. 视觉疲劳　　D. 提高学习效果

5. 考试焦虑是一种(　　)，是指由一定的应考情境引起，以担心为基本特征，以防御或逃避行为为行为方式，受个体的认知评价、人格因素和其他身心因素制约的考试时常见的一种心理现象。
A. 很复杂的情绪现象　　B. 很轻松的状态
C. 学习疲惫状态　　D. 认真复习

6. 疲劳是指在(　　)或长时间的弱刺激作用下，大脑皮质细胞功能损耗超过其功能限度时所引起的超限抑制，此时皮质细胞停止工作，使功能迅速恢复。
A. 低刺激　　B. 过强刺激
C. 睡眠不足　　D. 学习缺乏兴趣

7. 疲劳的机理就是(　　)，是在一定紧张程度下和持续一定时间的工作后的一种保护性反应，属于生理性情况。
A. 条件抑制　　B. 外抑制　　C. 保护性抑制　　D. 分化抑制

8. 学习知识是为了提升(　　)的能力，为自己的将来打好基础，而不是为了他人而学习。
A. 他人　　B. 自己　　C. 父母　　D. 老师

9. (　　)是提高学习效率、达到学习目的的手段。
A. 学习态度　　B. 学习方法　　C. 创新能力　　D. 学习兴趣

10. (　　)是巩固所学知识必不可少的一环。
A. 制订学习计划　　B. 上课听讲
C. 课后及时复习　　D. 独立完成作业

11. 创新能力的培养是现代社会对(　　)提出的一项重要任务。
A. 小学教育　　B. 中学教育　　C. 高中教育　　D. 大学教育

12. 下列哪项不会造成学习疲劳障碍？(　　)
A. 学习压力过大　　B. 学习时间过长
C. 劳逸结合　　D. 学习缺乏兴趣

13. 一般认为，对大学生来说，每天的睡眠时间应保证(　　)小时。
A. 5～6　　B. 6～7　　C. 7～8　　D. 9～10

14. (　　)是指能够进行学习的各种能力和潜力的总和，就是在环境和教育的影响下形成的概括化经验。
A. 学习方法　　B. 学习能力　　C. 学习效果　　D. 学习态度

15. 理解并运用(　　)，是大学生学习能力提升的前提。
A. 学习目标　　B. 学习策略　　C. 学习效果　　D. 学习计划

16. (　　)是学习策略的核心内容。

A. 制订计划　B. 实施计划　C. 调整计划　D. 监控行动

17. 记忆是指在头脑中积累和保存个体经验的心理过程，运用(　　)的术语来讲，就是人脑对外界输入的信息进行编码、储存和提取的过程。

A. 心理学　B. 学习方法　C. 学习策略　D. 信息加工

18. 记忆可以分为感觉记忆、(　　)和长时记忆。

A. 形象记忆　B. 抽象记忆　C. 短时记忆　D. 动作记忆

19. 下列现象不属于学习迁移的是(　　)。

A. 学会了骑自行车，有助于学会骑摩托车

B. 学会了俄语，有助于学英语

C. 学习中最先出现的内容最易记住

D. 学会了滑冰，有助于学滑雪

20. 在学习过程中，对一种材料能完全正确地背诵一次后仍然继续学习，叫作(　　)。

A. 合理学习　B. 过度学习　C. 超前学习　D. 适度学习

21. 下列哪项不属于有效的记忆法？(　　)

A. 尝试回忆　B. 首因效应　C. 交谈争论　D. 老师讲解

22. 在学习过程中，最先出现的所需记忆的内容最易被记住，称为(　　)。

A. 首因效应　B. 近因效应　C. 复习提问　D. 阶段性总结

23. 学习时会很专心地看着黑板或书本，喜欢通过看文字、图表来获取信息，这种学习类型属于哪一种？(　　)

A. 听觉型　B. 视觉型　C. 触觉型　D. 主动型

24. 下列不属于针对听觉型学习类型的建议的是(　　)。

A. 背书时大声朗诵　B. 睡前听教学录音

C. 读书前整理书桌　D. 用无主题轻音乐隔离噪声

25. 下列不属于触觉型学习类型特点的是(　　)。

A. 喜欢发言交流　B. 无法长时间静坐

C. 不太善于拼写　D. 喜欢角色扮演

二、多选题

1. 学习就是获得知识、形成技能、培养聪明才智的过程，实质上就是(　　　)的总称。

A. 学　B. 思　C. 习　D. 行

2. 古代儒家的学习观点，在一定程度上揭示了(　　　)的关系。

A. 学习与练习　B. 学习与情感

C. 学习与思维　D. 学习与实践

3. 大学生学习是学习的一种特殊形式，是在一定的知识基础上进行的，包括哪

些特点？（　　　）

A. 学习的创新性　　B. 学习的专业性

C. 学习的自主性　　D. 学习的实践性

4. 大学生活的重要特点表现在哪些方面？（　　　）

A. 生活上要自理　　B. 管理上要自治

C. 思想上要自我教育　　D. 学习上要高度自觉

5. 大学的时光是短暂的，我们应该怎样学习才能学得既好又轻松？（　　　）

A. 端正自己的学习态度　　B. 掌握正确的学习方法

C. 注重创新能力的培养　　D. 树立终身学习的理念

6. 下列属于科学学习方法的有哪些？（　　　）

A. 合理制订学习计划　　B. 预习时把不理解的问题记下来

C. 课后及时复习　　D. 独立完成作业

7. 常见的学习疲劳表现有哪些？（　　　）

A. 容易走神，经常想一些与学习毫无关系的事情

B. 易受干扰，很容易被外界的无关刺激所吸引

C. 多余动作增多，注意力不集中

D. 效率低下，学习时间不短，学习效果却很差

8. 下列哪些是改善学习疲劳的有效建议？（　　　）

A. 科学用脑　　B. 注意劳逸结合

C. 遵循人体生物节律　　D. 养成良好的生活和学习习惯

9. 考试焦虑的形成受哪些因素影响？（　　　）

A. 应试情境的激发　　B. 认知评价的调控

C. 个体的差异　　D. 反馈信息的强化

10. 考试焦虑通常表现为（　　　）。

A. 心理层面的忧虑、紧张、恐惧

B. 行为层面的坐立不安

C. 采用躲避方式进行防卫

D. 生理层面的肌肉紧张、呼吸急促、心跳加快

11. 我们都渴望成为一个自信的人，下列哪些方法可以帮助我们建立自信？（　　　）

A. 挑前面的位置坐　　B. 练习正视别人

C. 练习当众发言　　D. 走路缓慢求稳

12. 考试时常出现"舌尖现象"，有哪些应对策略？（　　　）

A. 转移注意

B. 淡化处理

C. 绞尽脑汁思考

D. 暂时停止答卷,闭上眼睛做深呼吸

13. 考试焦虑的学生常出现的不合理观念有哪些特征?(　　)

A. 绝对化要求,必须成功

B. 淡然面对失败

C. 过分概括(以偏概全)

D. 有糟糕至极的想法,认为考不上大学,前途就全完了

14. 下列想法中属于不合理观念的有(　　)。

A. 这次考不好,就说明我不是学习的料

B. 每一个人都不可能让所有人每时每刻都对自己满意

C. 这次的失败不能代表我今后都失败,我可以总结失败,查漏补缺,下次有信心做好

D. 成绩好的学生就是好学生

15. 下列哪些是学习策略使用方面存在的问题?(　　)

A. 学习无计划　　B. 计划不实施

C. 明确学习任务　　D. 不通过自我监控来调整学习计划

16. 提高记忆的有效方法有哪些?(　　)

A. 尝试回忆　　B. 交谈争论

C. 设问自答　　D. 对他人试讲

17. 下列哪些是促进学习迁移的方法?(　　)

A. 理解基本原理,促进原理或法则的迁移

B. 总结学习经验,运用学习方法

C. 创设与应用情境相似的学习情境

D. 牢固掌握基本知识,促进新旧知识相结合

18. 根据人们接收外界信息时对不同感觉器官的偏好,可以把学生的学习类型分为(　　)。

A. 视觉型　　B. 听觉型　　C. 触觉型　　D. 讨论型

19. 视觉型的学生会有哪些学习特点?(　　)

A. 专心盯着老师的脸

B. 喜欢通过看文字、图表来获取信息

C. 善于拼写但容易忘记事情和名字

D. 喜欢记笔记和用笔写出自己的思路

20. 听觉型的同学会有哪些学习特点?(　　)

A. 喜欢自言自语地大声朗读　　B. 喜欢听音乐

C. 阅读速度较慢　　D. 善于小组学习

三、判断题

1. 练习当众发言可以增强自信心。 （ ）
2. 记忆可以分为感觉记忆、短时记忆、长时记忆。 （ ）
3. 大学学习能力包括参加课外活动。 （ ）
4. 考试焦虑的表现包括内心不安。 （ ）
5. 一个好的学习环境一定可以让人成才。 （ ）
6. 怯场时，不妨道出真情，即能平静下来。 （ ）
7. 学习的创新性是大学生的学习特点之一。 （ ）
8. 学习的自主性是大学生的学习特点之一。 （ ）
9. 学习的专业性是大学生的学习特点之一。 （ ）
10. 学习的实践性是大学生的学习特点之一。 （ ）
11. 注意劳逸结合不能缓解学习疲劳。 （ ）
12. 缓解学习疲劳应遵循人体生物节律。 （ ）
13. 考试焦虑是由一定的应考情境引起的。 （ ）
14. 学习策略包含分析、计划、实施、监控和调整5个方面。 （ ）
15. 技能、知识、情感和态度都可以迁移，迁移就是一种学习对另一种学习的影响。 （ ）

学、思、践、悟

第七章 我的情绪我做主

——大学生情绪管理

学习目标

通过学习了解自身的情绪特点，理解常见的不良情绪类型及其产生原因；掌握情绪调适的方法，自主调控情绪，保持良好的情绪状态。

学习内容

一、情绪概述

(一) 情绪的概念

情绪是人类内在体验的一种复杂状态，它涉及生理、心理和社会认知等多个层面。情绪不仅影响个体的心理健康和行为表现，也是人际交往和决策过程中不可或缺的因素。

(二) 情绪的四种形式

情绪的多样性体现在不同的情绪形式上，以下是四种基本的情绪形式。

1. 快乐

快乐是一种积极的情绪状态，通常与满足、愉悦和幸福感相关联。

2. 愤怒

愤怒是一种强烈的情绪反应，可能源于挫败、不公或受到威胁。

3. 悲哀

悲哀是与失落、失望或悲伤相关的情绪体验，通常伴随着对某些事件的哀悼。

4. 恐惧

恐惧是一种对潜在威胁或危险的自然反应，有助于激发逃避或应对行为。

(三) 情绪的三种状态

情绪状态反映了情绪的强度和持续性,以下是三种基本的情绪状态。

1. 心境

心境是一种持续时间较长、影响整体情绪体验的情绪状态。

2. 激情

激情是一种短暂但强烈的情绪爆发,如突然的愤怒或极度的喜悦。

3. 应激

应激是个体在面对压力或挑战时的情绪反应,可能涉及紧张、焦虑或紧迫感。

二、大学生的情绪特点及其影响

(一) 大学生的情绪特点

大学生正处于人生的关键发展阶段,他们的情绪具有显著的独特性。

1. 情绪体验丰富多彩

大学生在学业、人际关系和自我探索中经历多样化的情绪体验。

2. 情绪波动较大

由于生理、心理和社会适应的挑战,大学生的情绪可能会经历较大的波动。

3. 情绪反应强烈且易冲动

大学生的情绪反应往往较为强烈,有时可能伴随着冲动行为。

4. 情绪的不稳定性和可控性并存

虽然情绪波动较大,但大学生正在学习如何管理和控制自己的情绪。

(二) 不良情绪对人的影响

不良情绪如果得不到妥善管理,可能会对个体产生一系列负面影响。

1. 心理障碍

长期的不良情绪可能导致焦虑、抑郁等心理障碍,影响个体的心理健康。

2. 生理疾病

情绪与身体健康紧密相关,长期的负面情绪可能增加患生理疾病的风险,如心脏病、消化系统疾病等。

三、常见不良情绪的表现与调适

(一) 焦虑

1. 表现

焦虑是一种预期将会有不良后果产生或感知到模糊威胁时的不安情绪。高度的焦虑若不适当控制，可能对个体的身心健康造成不利影响。

2. 调适方法

（1）增强自信：通过自我肯定和成功体验来增强面对挑战的信心。

（2）锤炼意志：通过设定目标和坚持克服困难来锻炼意志力。

（3）开阔胸襟：学会接受生活中的不确定性，减少无谓的担忧。

（4）积极行动：通过积极参与解决问题的活动来减少焦虑。

（二）抑郁

1. 表现

抑郁症状包括情绪低落、思考迟缓和郁郁寡欢。长期抑郁会对个体的心理和身体健康造成严重损害。

2. 调适方法

（1）正确评价自己：保持客观，认识到自己的价值和优点。

（2）调整认知方式：改变消极的思维模式，培养积极的生活态度。

（3）多参加社交活动：增加与他人的互动，获得情感支持。

（三）冷漠

1. 表现

对人对事漠不关心，缺乏正常的情绪反应。

2. 调适方法

主动与他人交流，参与集体活动，激发对生活的热情。

（四）压抑

1. 表现

内心深处紧张和不安，以及难以表达真实感受。

2. 调适方法

适当宣泄情绪，如与信任的人交谈或参与体育活动，是防治压抑的有效途径。

（五）嫉妒

1. 表现

对他人取得成就或拥有事物表现出强烈不满和羡慕，伴随着焦虑、敌意或自我贬低的情绪反应。影响因素包括过强的自尊心、虚荣心，自信心不足，有自我中心倾向，认知有偏差，自控能力较差等。

2. 调适方法

（1）学会正确进行比较：认识到每个人都有自己的优点和缺点。

(2) 化嫉妒为进取:将嫉妒转化为自我提升的动力。

(3) 充实自己的生活:通过学习新技能或培养兴趣爱好来丰富个人生活。

(六) 易怒

1. 表现

容易因小事而生气,情绪失控。

2. 调适方法

(1) 明理:理性分析情绪的起因,避免无谓的争执。

(2) 宽容:学会宽恕他人的错误,减少不必要的愤怒。

(3) 自制:培养自我控制能力,避免情绪失控。

(4) 转移:当情绪激动时,转移注意力,进行放松或冥想。

四、良好情绪的培养与不良情绪的调适方法

(一) 良好情绪的培养

培养良好情绪是提升生活质量和促进心理健康的关键。以下是一些有效的培养策略。

1. 理性情绪疗法

识别并挑战不合理的信念,转变思维模式。应用情绪 ABC 理论(指 activating events, beliefs, consequences,诱发事件、信念和情绪行为后果),理解情绪反应的来源,学会从不同角度解读事件。

2. 积极看待人生的苦恼

将遇到的困难和挑战视为个人成长和学习的机会。

3. 以积极的心态对待事物

保持乐观,专注于事物的积极方面,培养感恩的心态。

4. 认识到情绪的自主性

理解情绪反应是个人的选择,而非外界事件的直接结果。

5. 意识到共同的人性

认识到世界上有许多人可能面临类似的困境,从而减少孤立感。

6. 专注于积极面

在逆境中寻找和关注生活中美好的方面。

7. 多角度思考

通过改变视角,寻找解决问题的新方案,发现潜在的优势。

(二) 不良情绪的调适方法

管理不良情绪需要策略和技巧,以下是一些有效的调适方法。

1. 识别情绪

学会识别自己的情绪状态,了解情绪的起因和影响。

2. 自我反思

定期进行自我反思,通过情绪日记记录情绪变化,增强自我意识。

3. 培养情绪智力

提高对自己和他人情绪的敏感度,学习有效的情绪表达和管理技巧。

4. 练习放松技巧

通过深呼吸、冥想、瑜伽等方法来缓解压力和紧张情绪。

5. 寻求社会支持

与信任的家人、朋友或专业人士分享感受,寻求支持和帮助。

6. 体育锻炼

定期参与体育活动,利用运动来释放压力,调整情绪。

生活中的心理学

一、为什么大学生容易出现"情绪过山车"的情况,白天快乐晚上悲伤?

大学生白天快乐晚上悲伤的现象,可能与大学生的情绪特点和心理状态有关。以下是可能的原因。

一是压力和焦虑。大学生在适应新环境、应对课业压力、处理人际关系等方面可能会遇到困难,产生压力和焦虑,晚上更容易陷入悲伤情绪。

二是情绪波动。大学生处于青春期和成年期的过渡阶段,情感体验较为丰富,情绪波动可能较为频繁,晚上容易感受到负面情绪。

三是社交需求。大学生在白天时通常与同学、朋友一起活动,社交需求得到满足,感到快乐。然而,晚上回到宿舍或独处时,社交需求得不到满足,容易感到孤单。

四是自我反思。晚上是大学生进行自我反思和思考的时间,可能会思考自己的未来和人生意义,而这些思考可能带来一些负面情绪。

五是生活作息。大学生的生活通常比较紊乱,晚上熬夜、白天睡觉的生活作息可能导致情绪不稳定。

为了解决这个问题,大学生可以尝试保持规律的生活作息、增强社交互动、进行适当的运动和放松训练等。

二、我很讨厌我的负性情绪，我能不能“丢掉”它们？

在心理学中，负性情绪是指那些消极、负面的情绪体验，如悲伤、愤怒、恐惧、焦虑等。这些情绪有时候会对我们的生活产生负面影响，因此，一些人可能会想要“丢掉”它们。然而，负性情绪在人类生活中具有一定的作用和意义。它们是人类心理和生理反应的一部分，可以帮助我们应对压力和挑战，提高自我保护能力。例如，愤怒可以激发我们的斗志，让我们更有力量去对抗不公正的事情；悲伤可以让我们更加深刻地反思自己的行为和情感，促进自我成长。因此，试图完全“丢掉”负性情绪并不现实或者并不可取。相反，我们应该学会接纳和调节自己的情绪，使其更好地服务于我们的生活和学习。

三、我最近总是陷入低落情绪，我是不是得抑郁症了？

陷入低落情绪并不一定意味着你患有抑郁症。抑郁症是一种复杂的心理疾病，其症状包括情绪低落、失去兴趣、疲劳、睡眠障碍、食欲改变等。如果你只是最近感到情绪低落，而没有其他抑郁症的症状，那么这可能只是暂时的情绪波动，不一定是抑郁症。

DSM(*The Diagnostic and Statistical Manual of Mental Disorders*，《精神障碍的诊断与统计手册》)第五版中的抑郁症诊断标准如下，供大家参考。

在2周内有5项或5项以上的下述症状出现，并且至少包括①和②两项。

①情绪低落，大部分时间如此。②明显的兴趣或愉悦感丧失。③体重明显增加或减少，或食欲显著增加或减少。④失眠或过度睡眠。⑤躯体动作明显减缓或激动。⑥疲劳或体力丧失。⑦价值感降低或产生自罪感。⑧集中注意力困难，或犹豫不决。⑨反复出现死亡观念，或有自杀意念或自杀行为等。

这些症状不能归因于物质/药物使用或其他医学条件。

四、必须一直都是快乐的，才算是良好的情绪状态吗？

我们需要理解“快乐”和“良好情绪状态”这两个概念。快乐是一种特定的情绪状态，而良好情绪状态则是一个更广泛的概念，包括多种积极情绪，快乐只是其中的一部分。从心理学的角度来看，良好的情绪状态意味着一个人能够适当地管理自己的情绪，保持情绪的稳定性和多样性。这并不意味着必须一直保持快乐的感觉，因为情绪有其自然的起伏和变化。每个人都会有不快乐的时刻，这是正常的情绪体验。重要的是能够适当地调节和管理这些不快乐的情绪，不让它们影响到日常生活和工作。

因此，一个良好的情绪状态并不是要求必须一直快乐，而是要求能够适当地调节和管理自己的情绪，保持情绪的稳定性和多样性。同时，也需要认识到不同的人有不同的情绪体验和需要，尊重和理解他人的情绪是建立良好人际关系的重要基础。

五、在大学生活中，面对各种挑战和压力，我该如何理解和处理自己的情绪反应？

在大学生活中，面对各种挑战和压力，理解和处理自己的情绪反应非常重要。根据心理学理论，情绪调节是个体管理和改变自己或他人情绪的过程，这个过程涵盖了“意识—评估—监控—调节”这一系列环节。

大学生在遇到压力或挑战时，首先需要意识到自己的情绪反应，这可以通过自我觉察来实现。接着，需要评估这些情绪反应的合理性，了解这些情绪是否与实际情况相符，是否过度反应。在评估之后，大学生需要监控自己的情绪反应，观察情绪的变化和影响。在这个过程中，可以采取一些有效的应对策略，如深呼吸、冥想、运动等来调节自己的情绪。如果情绪反应过于强烈或持续时间较长，大学生还可以寻求专业的心理咨询，以获得更专业的帮助和指导。

六、情绪是否具有传染性？

情绪确实具有传染性，这一现象在心理学中得到了广泛的研究和证实。人类的情绪可以通过非语言和语言的渠道进行传播，影响他人的情绪状态。

第一，情绪的传染主要是通过非语言的方式，如面部表情、肢体动作、声音、语调等来实现的。当一个人表现出某种情绪时，观察者会不自觉地感受到同样的情绪，这种过程被称为情绪传染或情绪共鸣。例如，当某个人表现出愤怒的表情或声音时，周围的人可能会同样感到愤怒。

第二，语言也是情绪传染的重要途径。人们通过词汇、语气、速度等语言要素来传达情绪，当其他人接收到这些信息时，他们可能会理解并体验到相似的情绪。例如，当某个人讲述一个悲伤的故事时，听者可能会感到悲伤或同情。

第三，情绪传染还具有双向性，即传染者和被传染者可以相互转换。在一个群体中，当某个人表现出强烈的情绪时，其他人可能会被传染并表达出相似的情绪，同时这些情绪也可能再次传染给第一个人，形成循环。

实践活动

学术启蒙

所谓修身在正其心者：身有所忿懥，则不得其正；有所恐惧，则不得其正；有所好乐，则不得其正；有所忧患，则不得其正。心不在焉，视而不见，听而不闻，食而不知其味，此谓修身在正其心。

——《大学》

通过阐述情绪对心理的影响，强调情绪管理在修身养性中的重要性。要实现修身的目的，必须先端正自己的心，控制好情绪，这样才能修身。

一、阅读与思考

压抑情绪与压抑身体

你有没有注意到情绪可以影响身体活动，如身体的移动方式？

德国波鸿鲁尔大学心理学家约翰尼斯·迈克拉克(Johannes Michalak)及其同事利用一种光运动捕获系统分析存在压抑情况的人群与不存在压抑情况的人群之间的区别。他们邀请一些存在压抑情况和不存在压抑情况的实验对象前往实验室，实验对象可以随意走动，并且可以自行选择行走方式与行走速度。他们在实验对象身上安装了40多个反馈设备，跟踪他们移动过程中的三维运动信息。

他们发现，存在压抑情况的实验对象走路速度明显较慢，胳膊摆动次数也少，行走时他们身体的上下移动不太频繁，更多地表现为左右移动。最后，他们还发现，存在压抑情况的实验对象走路姿势软弱无力，身体前倾。

压抑心理导致的结果并非仅限于这种软绵绵的走路姿势。你可以自己试验一下，坐一分钟，让双肩前倾，脑袋低垂，看看结果如何。如果你发现情绪更加糟糕，就应该更换姿态，身体坐直，端正头颈，使其与双肩垂直。

（资料来源：威廉姆斯，彭曼. 正念禅修[M]. 刘海青，译. 北京：九州出版社，2013：22.）

二、观察自己

请尝试判断一下自己是否存在疲惫感，并思考如下问题。

我为什么感到疲惫？

____

到底哪里出现了问题？

____

这种感觉对我来说意味着什么？

如果无法将其摆脱，会出现什么后果？

三、专注练习

请你找个舒服的坐姿，然后从 1 开始数数，边数边写。

在写数字的过程中，你会发现自己的思绪很容易被无关想法带走，因而很容易导致写错数字。此时，请保持清醒，将自己的注意力从无关想法中拉回来，继续写数字。刚开始，我们可以慢慢地写，只写 1～100。如果写到 100 时，发现自己没有写错，可以继续延长数字序列，先延长到 200。条件允许的话，你可以练习快速书写 1～500，尽量不要出现错误。

第一遍：

1、2、3、4、5、6、

第二遍：

1、2、3、4、5、6、

第三遍：

1、2、3、4、5、6、

四、善待自己

请回答如下问题。

我是否苛责过自己怀有不理性和不恰当的情感？（　　）

我是否告诉过自己现在心情不该是这样？（　　）

我是否认为自己的一些想法是不正常的或者糟糕的，并且认为我不应该这样想？（　　）

我是否对自己的想法进行评判？（　　）

我是否认为自己的一些情感是消极的或者错误的，并且认为我不应该有这样的感受？（　　）

当我的脑海中出现令人烦恼的想法和画面时，是否会根据想法和画面对自己进行评判？（　　）

当我怀有非理性思想时，我是否会自我批评？（　　）

如果你的情况与上面问题中的一项以上非常吻合，很有可能是你对自己过于苛刻了。思考以上问题的目的是弄清你对自己是否过于严厉，让你更加了解自己。

善待自己的训练：

请闭上眼睛，心里默念以下句子。

愿痛苦离我而去。

愿我尽可能地快乐与健康。

愿我生活幸福。

五、触摸情绪

当我们产生消极情绪时，很容易被情绪牵引，进而影响我们的行为。如何觉察自己的情绪，以更饱满的状态投入学习和生活呢？请你根据自己上周的情况完成表 7-1。

表 7-1　情绪分析

激发情绪的事件	产生的情绪	为了控制情绪你做了什么	你的做法对你的短期影响	你的做法对你的长期影响
被老师批评	生气	尽量保持平静，但在内心为自己鸣不平	感觉不那么生气了	在课堂上，我不能很好地学习

（续表）

激发情绪的事件	产生的情绪	为了控制情绪你做了什么	你的做法对你的短期影响	你的做法对你的长期影响

习题演练

一、单选题

1. （　　）是指人对客观事物的态度、体验及相应的反应。

A. 情感　　B. 情绪　　C. 动机　　D. 心境

2. 情绪产生的基础源于（　　）。

A. 欲望　　B. 需要　　C. 理想　　D. 兴趣

3. 通常情况下，人们普遍认为最基本、最原始的情绪有四种，其中不包括（　　）。

A. 快乐　　B. 愤怒　　C. 厌恶　　D. 悲伤

4. 由于与愿望相违背或愿望不能达成，并一再受到妨碍，从而产生的情绪体验为（　　）。

A. 快乐　　B. 悲哀　　C. 愤怒　　D. 恐惧

5. 由意外的紧急情况引起的情绪状态是（　　）。

A. 心境　　B. 激情　　C. 应激　　D. 情感

6. 强度较小、持续时间较长的情绪状态是（　　）。

A. 心境　　B. 激情　　C. 应激　　D. 情感

7. 强烈而短促的情绪状态被称为（　　）。

A. 愤怒　　B. 激情　　C. 应激　　D. 心境

8. “忧者见之则忧，喜者见之则喜”，这是受一个人的（　　）影响所致。

A. 激情　　B. 心境　　C. 热情　　D. 应激

9. “范进中举”故事中当范进得知考中时的情绪状态是（　　）。

A. 应激　　B. 心境　　C. 焦虑　　D. 激情

10. 大学生的情绪波动（　　）。

A. 较大　B. 较小　C. 平稳　D. 极端

11. 大学生的情绪表现出不稳定性与(　　)并存。

A. 两极性　B. 可控性　C. 持续性　D. 矛盾性

12. 不良情绪会使人患病,其中不良情绪指的是(　　)的情绪反应和(　　)的消极情绪反应。

A. 过度　持久性　B. 适度　短暂性

C. 过度　极端性　D. 适度　持久性

13. (　　)是个体主观上预料将会有某种不良后果产生或感知到模糊威胁时的一种不安情绪,并伴有忧虑、烦恼、害怕、紧张等情绪体验。

A. 愤怒　B. 焦虑　C. 悲伤　D. 厌恶

14. (　　)是指一种感到无力应付外界压力而产生的消极情绪,主要表现为情绪上的低落。

A. 焦虑　B. 抑郁　C. 愤怒　D. 嫉妒

15. 宣泄一般是在背地里或在知心朋友面前进行的。采取的形式有(　　)。

A. 尽情地向至亲好友倾诉自己遭受的不公平和委屈等,一旦发泄完毕,心情也就随之平静下来

B. 用言辞抨击、谩骂、抱怨令自己恼怒的对象

C. 通过体育运动、劳动等方式来尽情发泄

D. 以上都可以

16. 下列不是消除负面情绪的方法是(　　)。

A. 自我压抑　B. 放松调节　C. 自我安慰　D. 转移调节

17. 理性情绪疗法的创立者是(　　)。

A. 艾宾浩斯　B. 艾利斯　C. 弗洛伊斯　D. 埃里克森

18. 人的不合理信念主要的特征不包括(　　)。

A. 绝对化要求　B. 过分概括　C. 糟糕至极　D. 极端化想法

19. (　　)是指对人或事都有绝对化的期望与要求。

A. 绝对化要求　B. 过分概括　C. 糟糕至极　D. 极端化想法

20. “我怎么这么没用,做什么事情都做不好”体现不合理信念的(　　)。

A. 绝对化要求　B. 过分概括　C. 糟糕至极　D. 极端化想法

21. “考不上好的大学,我一切都完了”体现不合理信念的(　　)。

A. 绝对化要求　B. 过分概括　C. 糟糕至极　D. 极端化想法

22. 艾利斯的情绪 ABC 理论认为:情绪并不是由某一诱发事件本身直接引起的,而是由经历这一事件的个体对这一事件的解释和评价所引起的。其中 B 是指(　　)。

A. 诱发性事件

B. 在特定的情景下，个体的情绪及行为的结果

C. 个体遇到诱发性事件之后所产生的相应信念或对这件事情的看法和评价

D. 驳斥、对抗

23. 情绪ABC理论中的A是指(　　)。

A. 诱发性事件

B. 在特定的情景下，个体的情绪及行为的结果

C. 个体遇到诱发性事件之后所产生的相应信念或对这件事情的看法和评价

D. 驳斥、对抗

24. 情绪ABC理论中的C是指(　　)。

A. 诱发性事件

B. 在特定的情景下，个体的情绪及行为的结果

C. 个体遇到诱发性事件之后所产生的相应信念或对这件事情的看法和评价

D. 驳斥、对抗

二、多选题

1. 遇到负性事件后，有哪些调节情绪的方法？(　　　)

A. 宣泄法　　B. 转移法　　C. 升华法　　D. 放松法

2. 情绪的基本类型包括(　　　)。

A. 快乐　　B. 愤怒　　C. 恐惧　　D. 悲哀

3. 根据情绪的强度、持续时间的长短以及外部表现，可以将情绪分为(　　)、(　　)与(　　)三种基本状态。

A. 心境　　B. 应激　　C. 激情　　D. 热情

4. 心境是一种(　　　)的情绪状态。

A. 影响主体对事物的态度和体验　　B. 具有弥散性

C. 比较微弱　　D. 比较持久

5. 激情的特点是强烈的(　　)和(　　)。

A. 冲动性　　B. 爆发性　　C. 指向性　　D. 敢为性

6. 大学生情绪最基本的特征是(　　)和(　　)。

A. 两极性　　B. 矛盾性　　C. 波动性　　D. 稳定性

7. 大学生情绪的(　　)和(　　)并存。

A. 冲动性　　B. 不稳定性　　C. 可控性　　D. 积极性

8. 大学生情绪的矛盾性是(　　　)。

A. 生理和心理的矛盾

B. 个人需要和社会满足间的矛盾

C. 理想和现实的矛盾

D. 理想的我和现实的我的矛盾

9. 当情绪过于(　　)和(　　)时,可引发高血压、心绞痛、心律失常、冠心病等,也可引起呼吸急促、哮喘;如突然惊恐还会造成呼吸中断和停止。

A. 愤怒　　B. 悲伤　　C. 焦虑　　D. 恐惧

10. 当情绪处于(　　)或(　　)时,胃肠功能减退,从而引起恶心、呕吐、贲门痉挛、胃及十二指肠溃疡、痉挛性结肠炎、过敏性结肠炎等。

A. 愤怒　　B. 悲伤　　C. 焦虑　　D. 恐惧

11. 不良情绪会引发生理疾病。《黄帝内经》提出,愤怒伤害(　　);恐惧伤害(　　)。

A. 肝　　B. 心　　C. 肺　　D. 肾

12. 愤怒是指个体受刺激后异常激动的情绪状态。下列关于愤怒的表达正确的是(　　)。

A. 愤怒是深思熟虑后产生的情绪

B. 愤怒是本能的、具有原始性的情绪

C. 愤怒是急速而又轻率的情绪

D. 愤怒是受到威胁后的反应

13. 抑郁的常见表现有(　　)。

A. 情绪低落　　B. 思维迟缓　　C. 兴趣丧失　　D. 不爱交际

14. 容易引起大学生嫉妒的因素主要有(　　)。

A. 外表　　B. 成绩　　C. 能力　　D. 物质条件

15. 如何有效地控制愤怒?(　　)

A. 明理　　B. 宽容　　C. 自制　　D. 转移

16. 下列属于不合理信念的"绝对化要求"的是(　　)。

A. 我必须要获得成功

B. 我一定要有成为优秀的人

C. 他必须喜欢我

D. 我怎么这么没用,什么事情都做不好

17. 下列属于不合理信念的"过分概括"的是(　　)。

A. 我必须要获得成功

B. 他不回我消息,肯定是不喜欢我了

C. 我无法忍受任何错误或失败,我必须做到完美

D. 我怎么这么没用,什么事情都做不好

18. 可以通过(　　)对负面情绪进行合理宣泄。

A. 向好友倾诉　　B. 写日记　　C. 哭泣　　D. 运动

19. (　　)可能会引起大学生情绪的波动。

A. 学习成绩的优劣　　B. 同学关系的好坏
C. 恋爱的成败　　D. 对未来的迷茫

三、判断题

1. 负面情绪对人们是无益的。（　）
2. 一直处于愉快中才是正常的情绪。（　）
3. 如果情绪持续时间过长,凭自身能力无法调节,那么要去寻求他人甚至是心理咨询师帮助。（　）
4. 如果情绪反应强烈程度与事件的大小相对应,那么情绪反应是正常的。（　）
5. 个人的知识经验和人格特点等都会影响情绪。（　）
6. 大学生心理健康与否在很大程度上依赖于情绪是否健康。（　）
7. 消极、不良的情绪状态,虽然会降低大学生学习的积极性和效率,但不会影响其生活的热情。（　）
8. 积极、健康、良好的情绪状态,是大学生幸福生活、愉快学习、健康成长的前提。（　）
9. 人们普遍认为最基本、最原始的情绪有四种:快乐、愤怒、悲哀、恐惧。（　）
10. 大学生情绪最基本的特征只有它的两极性。（　）
11. 学习成绩的优劣、同学关系的好坏、恋爱的成败等都会引起大学生情绪的波动。（　）
12. 情绪不存在可控性。（　）
13. 焦虑这种情绪对个人没有好处。（　）
14. 嫉妒会影响大学生的人际关系,造成同学间的隔阂甚至对立,同时使自己处于烦躁、痛苦的情绪中。（　）
15. 人的精神烦恼和情绪困扰大多来自其思维中的不合理信念。（　）

学、思、践、悟

第八章 让心灵自由沟通

——大学生人际交往

学习目标

通过学习了解人际交往的意义、特点及类型，理解影响大学生人际交往的因素，掌握基本的交往原则和技巧，了解人际关系障碍的类型及其调适方法，增强人际交往能力。

学习内容

一、大学生人际交往概述

(一) 大学生人际交往的概念

1. 人际交往

在大学校园中，人际交往指的是个体之间通过语言、肢体语言、表情等手段进行的相互沟通和情感交流，它是构建社交网络以及和谐社会的基础。

2. 人际关系

人际关系是人际交往的延伸和发展，它是基于个体间的相互认知、情感联系和行为互动而形成的具有稳定性的社会联系。

3. 人际交往能力

人际交往能力是指个体在社会交往中所表现出的沟通、协调、解决冲突等方面的综合技能，它对于个体的社会适应和个人发展具有重要影响。

(二) 大学生人际交往的特点

1. 交往心理的迫切性和主观性

大学生正处于人生的关键转型期，他们对建立新的社交关系有着迫切的需求，这种需求往往伴随着强烈的主观色彩，反映出他们对友情和爱情的渴望。

2. 交往意向的平等性和不平衡性

在追求平等互惠的交往关系的同时，由于个性、价值观念和社交能力的不同，大学生的交往意向和实际交往之间可能存在不平衡。

3. 交往手段的多样性和虚拟性

现代通信技术的发展为大学生提供了丰富的交往手段，包括社交媒体、网络平台等，这些手段在增加交往便利性的同时，也带来了虚拟性的特点。

4. 交往对象的异性化

大学阶段，异性交往成为人际交往的重要组成部分，这不仅有助于大学生的性别角色认同，也有助于他们的情感发展和社会适应。

(三) 大学生人际交往的作用

1. 加快社会化进程的有效方法

通过与他人的交往，大学生可以学习社会规范、价值观念，加速自身的社会化进程，更好地融入社会。

2. 获取信息的重要手段

人际交往是信息交流的重要渠道，大学生可以通过与他人的交流获取学习资料、职业信息、社会动态等，这对于他们的知识拓展和决策制订具有重要意义。

3. 身心健康发展的有力保障

良好的人际交往能够为大学生提供情感支持和社会支持，有助于缓解压力、提高自信，促进其身心健康发展。

二、大学生人际交往存在的问题与影响因素

(一) 存在的问题

1. 多点头之交，少知心好友

在大学生活中，尽管大学生会遇到许多点头之交，但建立深厚的友谊却较为困难。这可能导致表面上的社交活跃与内心的孤独感并存。

2. 孤独感与交往困难并存

一些大学生可能会感到孤独，这种孤独感可能源于交往技巧的不足或对社交场合的不适应，进而形成一种恶性循环，使得交往变得更加困难。

3. 社交恐惧症

社交恐惧症是一种较为严重的社交障碍，它会导致个体在社交场合感到极度不安和恐惧，严重影响正常的人际交往和日常生活。

(二) 影响因素

1. 认知因素

(1) 首因效应:个体对他人的第一印象可能影响个体后续对他人的评价和交往,有时可能导致误判。

(2) 近因效应:最近发生的事情或行为可能对个体作出的评价产生较大影响,这可能掩盖对他人的全面了解。

(3) 晕轮效应:某一显著特征可能会影响个体对他人整体的看法,有时可能导致以偏概全。

(4) 刻板效应:基于性别、种族、年龄等的刻板印象可能影响个体的交往行为和态度。

(5) 投射效应:个体可能会将自己的情感或特质投射到他人身上,这可能造成误解。

2. 人格因素

(1) 以自我为中心:过分关注自我可能导致忽视他人的需求和感受。

(2) 自卑:缺乏自信可能使个体在社交场合感到不自在。

(3) 嫉妒:对他人的嫉妒可能阻碍建立和谐的人际关系。

(4) 恐惧:对社交的恐惧可能限制个体的社交活动。

(5) 猜疑:过度猜疑可能破坏信任的基础。

(6) 虚荣心:过分追求虚荣可能导致人际关系的虚假和谐。

(7) 自负:过高评价自己可能使他人感到不舒服。

(8) 羞怯:过度的羞怯可能阻碍正常的社交互动。

(9) 自私:只考虑自己的利益可能损害与他人的关系。

(10) 自我封闭:拒绝与外界交流可能导致自己被孤立。

3. 能力因素

人际交往技巧的缺乏,如沟通能力、解决冲突的能力等的缺乏,是影响人际交往的重要因素。缺乏这些技巧可能导致交往过程中的误解和矛盾。

三、走出交往的"泥潭"

(一) 遵循合理的人际交往原则

在人际交往中,遵循一定的原则是构建和谐关系的关键。以下是 5 个基本的人际交往原则。

1. 尊重原则

尊重他人的意见、感受和个性是交往的首要条件。尊重能够促进相互的理解和信任。

2. 诚信原则

诚信是人际关系的基石。保持诚实守信，能够让人在社交场合中获得尊重和信赖。

3. 互益原则

追求互利共赢的关系，确保交往双方都能从中获益，这有助于人际关系的长期稳定。

4. 宽容原则

宽容对待他人的不足和错误，能够减少冲突，增进人际关系的和谐。

5. 适度原则

在交往中保持适当的距离和分寸，避免过度干涉或过于冷漠。

(二) 建立健康的人际交往模式

健康的人际交往模式能够促进个体的全面发展，如“我好—你也好”模式，这种模式强调个体自身的价值和他人的价值同等重要，鼓励正面的互动和相互支持。

(三) 提高基本的人际交往技能

掌握基本的人际交往技能对于改善交往质量至关重要。

1. 学会人际交往的基本礼仪

礼仪是社交互动的基本规则，能够体现个人的教养和对他人的尊重。

2. 学会控制自己的情绪

情绪管理有助于个体在交往中保持冷静和理性，避免不必要的冲突。

3. 学会用心倾听

倾听不仅是耳朵的功能，更是心灵的交流，倾听能够增进理解。

4. 学会有效的说服技巧

有效的说服技巧能够帮助个体在必要时影响和激励他人。

5. 学会赞美别人

恰当的赞美能够增强他人的自信，同时也能够拉近彼此的关系。

6. 学会使用非语言沟通

非语言如肢体语言、面部表情等，同样能够传递丰富的信息和情感。

(四) 培养良好的人格品质

良好的人格品质是人际交往的内在支撑。

1. 接纳真实的自己

自我接纳是自尊和自信的起点，也是健康地进行人际交往的前提。

2. 克服内心的疑虑和恐惧

要克服内心的疑虑和恐惧，以开放的心态参与社交活动。

3. 学会站在别人的角度看问题

换位思考能够增进对他人的理解和共情，有助于建立和谐的人际关系。

生活中的心理学

一、现在人们很喜欢用“社牛”和“社恐”形容人的社交状态，“社牛”一定比“社恐”更好吗？

“社牛”和“社恐”是两种截然不同的社交状态。“社牛”通常表现为在社交场合中自在、自信，能够轻松地与他人建立联系和交流。这种能力有助于拓展人脉、建立人际关系，对个人发展和职业发展都有积极的影响。然而，过度的社交活动也可能导致个体过度依赖外部认同，忽视自我需求，从而引发心理问题。相对而言，“社恐”的人在社交场合中可能会感到焦虑、紧张，更倾向于独处。这种倾向有助于他们更好地进行自我反思和情感调节，增强自我意识，使内心平静。但过度的社交恐惧可能导致孤独、抑郁等心理问题，对个人的心理健康产生负面影响。

“社牛”和“社恐”都有其优点和局限性，没有绝对的优劣之分。重要的是要理解自己的社交需求和偏好，并在此基础上发展适合自己的社交技能。同时，也要理解和尊重他人的社交需求，不以自己的标准去评价他人。

二、人为什么需要社交？

人类是社会性动物，社交是人类的基本需求之一。社交对于人类的意义重大。第一，社交有助于人类的生存和繁衍。在原始社会，人们需要通过合作来狩猎、采集食物、抵御野兽和敌人，因此，社交是人类生存的关键。在现代社会，社交是人们获取资源和信息的重要途径，有助于个人的职业发展和社会地位提升。第二，社交可以满足人类的情感需求。人类是有情感的动物，需要与他人建立情感联系，获得情感支持和认同感。通过社交，人们可以交朋友、建立亲密关系、分享喜怒哀乐，从而获得情感满足和心理平衡。第三，社交还可以促进人类的认知发展。与他人交流和互动可以拓宽人们的视野，增加知识和经验，促进思维和创造力的发挥。通过与不同背景和文化的人交往，人们可以了解不同的观点和价值观，增强文化敏感性和包容性。

三、在人际交往中，为什么我总是很容易在意别人对我的评价？

容易在意别人对你的评价，这可能是由于多种心理因素的综合作用。我们倾向于依赖外界的评价来确认自己的价值和身份，如果我们的自我认同程度不高，自尊心不够强，就容易受到他人评价的影响，渴望得到他人的理解和认同。此外，我们的大脑对负面信息更为敏感，这可能是我们在意别人对我们的评价的另一个原因。负面信息往往涉及威胁和危险，因此我们的大脑会优先处理这些信息。这可能导致我们对他人的负面评价更加在意，而对积极的评价不够敏感。

四、我该如何成为一个受欢迎的人？

成为一个受欢迎的人需要具备一些关键的品质。第一，真诚待人。人们通常能感知到一个人是否真诚，因此，你应该尽量做到真实和诚实。要避免说谎或隐瞒事实，因为这可能会破坏你与他人之间的关系。第二，尊重和关心他人的感受是建立良好关系的关键。要尽量以积极、友好的方式与他人交往，避免伤害或冒犯他人。第三，学会积极倾听。倾听他人的意见、想法和感受非常重要。你应该展现出真正关心他人的态度，并试图理解他人的观点。积极倾听有助于建立信任和良好的沟通。此外，适当的幽默可以让人们更轻松愉快地相处。可以培养自己的幽默感，并在适当的时候运用它来调节气氛或缓解紧张的局面。

成为一个受欢迎的人需要时间和努力。同时，我们也要记住每个人都是独特的，不要试图完全改变自己去迎合他人。应保持真实的自我，并寻找与你有共同兴趣和价值观的人，建立良好的联系。

五、怎样在提出建议的时候，避免给人灌输观点？

在提出建议时，为了避免给人灌输观点，首先，应了解对方的立场和需求，在提出建议之前，先花时间了解对方的观点、需求和利益。通过提问和倾听，你可以更好地理解对方的立场，并据此给出更合适的建议。其次，应尽可能提供多种选择方案，让对方有更大的自由度和选择空间。不要只推荐一种方案，否则容易让对方感到被限制或被迫接受。最后，在表达自己的观点或建议时，可以尝试使用更加开放和具有引导性的语言，激发对方的思考，提高对方的参与感。例如，使用“你觉得如何”“你认为哪种方案更适合”等问句，引导对方主动思考和参与讨论。在交流过程中，也要注意观察对方的反应和情绪变化。如果对方表现出反感或不耐烦的情绪，要及时调整自己的表达方式和语气，以保持愉快的交流氛围。

六、当我想认识新朋友时，我该如何主动开启话题？

结合心理学知识，当你想要认识新朋友时，可以采取以下 5 个策略来主动开启话题。

第一，寻找共同点。人们通常对与自己的兴趣或经历有关的话题感兴趣。可以试着找出你和新朋友之间的共同点，比如相同的爱好、职业、背景等，然后以此为起点展开话题。

第二，开放性问题。使用开放性问题可以让对方有机会表达自己的想法和感受。比如“你觉得旅行怎么样”或“你最喜欢的一部电影是什么”等问句，这样可以引导对话，也更能让对方感到舒适。

第三，倾听与回应。真正的交流不仅仅是说，更重要的是听。当对方说话时，给予充分的回应，可通过点头、微笑等方式表示正在倾听。适时的语言回应，如“我明白你的意思”或“很有趣”，可以表明你在关注这个谈话。

第四，避免可能引起争议的话题和敏感话题。开始对话时，应尽量避免可能引起争议的话题或敏感的话题，如政治、宗教等。这些话题很容易引发冲突，不利于建立友谊。

第五，表达自己的观点。交流是双向的，你也应该分享一些关于自己的事情。但要注意平衡，以免显得过于自恋或自大。

实践活动

学术启蒙

《诗》云：“穆穆文王，於缉熙敬止。”为人君，止于仁；为人臣，止于敬；为人子，止于孝；为人父，止于慈；与国人交，止于信。

——《大学》

这段话强调了在与他人交往时，诚信是至关重要的品质。具体来说，作为一个人，应当在与他人交往的过程中做到言行一致、诚实守信，这是维持良好人际关系的基础。儒家伦理观认为，人是社会性的存在，人与人之间的关系被称为“五伦”，其中包括君仁臣敬、父慈子孝、兄友弟恭、朋友有信等。“与国人交，止于信”正是指在社会交往中，应当以诚信为本，这是建立和谐社会关系的重要原则。

一、情景剧表演

《相处之道》情景剧

孔子：如果身边的朋友犯错了，该不该提醒他呢？

子游：老师，我觉得应该提醒，只是不能够太频繁，要适可而止。否则，会影响两个人的关系。

子贡：老师，怎样做可以保持良好的人际关系呢？

孔子：遇到比自己贤德的人，要努力向他看齐；如果遇到不贤德的人，那么就要对照反省自己，有没有类似的毛病。因此，不论遇到什么样的人，都可以对我们有帮助。

二、我的影响轮

教师讲解影响轮的例子：林老师的影响轮

林老师有一个善良，爱她、欣赏她的父亲。林老师讲了几件事。

父亲经常让林老师去帮助衣食无着落的乞丐。

父亲经常对别人讲："瞧，这孩子多能干，做事情做得多快！"

父亲常带林老师看电影。

父亲喜欢并且常常和林老师谈话，他可以和女儿谈很深刻的内容。

影响：

① 父亲的肯定和欣赏使林老师肯定自我形象，不容易自卑；认同自己的性别角色，对异性有很好的印象，和同性、异性朋友都交往得很好。

② 父亲的爱教会林老师如何爱他人。

③ 亲密而深入的沟通，包含着认同、理解、分享、接纳。

请学生参考示例，按照以下要求，设计自己的影响轮。

① 请每名学生在空白处中间画一个圆圈，并写上"我"，此圆圈即代表自己。

② 以亲疏远近的关系画出其他的圆圈，每个圆圈代表曾经影响过自己的人或物。

③ 为每个人或物列出 3 个形容词。

④ 为每个形容词标明方向，积极的为正向，消极的为负向。

⑤ 学生可自愿分享其影响轮，介绍这些人或物对自己的影响。

我的影响轮

总结反思

写下这次活动的感想，以及此活动对于自己的帮助是什么。

____

____

____

若影响轮对于自己有不好的影响，可以思考有没有解决问题的办法。

____

____

____

习题演练

一、单选题

1. 人际交往就是(　　)。
   A. 人与人之间相互交流和来往　　B. 人与社会相互交流和来往
   C. 人与群体之间相互交流和来往　　D. 社会生活中的相互联系
2. 人际交往促进大学生的(　　)进程。
   A. 成才化　　B. 全面化　　C. 自主化　　D. 社会化
3. 大学生在交往过程中，往往以(　　)作为参照物。
   A. 年长的人　　B. 同龄人　　C. 父母　　D. 年幼的人
4. 人际交往是维持大学生(　　)的重要保证。
   A. 身体健康　　B. 生理健康　　C. 身心健康　　D. 心理健康
5. 大学生交往心理具有迫切性和(　　)。
   A. 客观性　　B. 主观性　　C. 平衡性　　D. 独立性
6. 大学生人际交往的手段具有(　　)。
   A. 多样性　　B. 单一性　　C. 层次性　　D. 迫切性
7. 大学生人际交往的主要特点不包括(　　)。
   A. 交往心理的迫切性和主观性　　B. 交往意向的平等性和不平衡性
   C. 交往对象的同性化　　D. 交往手段的多样性和虚拟性
8. 在大学生人际交往中，下列哪种交往手段不是随着科技发展而出现的？(　　)
   A. 电话　　B. QQ　　C. 微信　　D. 写信
9. 大学生人际交往的主要作用不包括(　　)。
   A. 促进大学生社会化进程　　B. 增加大学生的信息来源
   C. 提高大学生的文化修养　　D. 有力保障身心健康发展
10. (　　)是指最初接触到的信息所形成的印象对人们以后的行为活动和评价

的影响。

A. 首因效应 B. 近因效应 C. 晕轮效应 D. 刻板效应

11. “江西人都很能吃辣”是( )的体现。

A. 投射效应 B. 刻板效应 C. 首因效应 D. 晕轮效应

12. ( )是指依据已知的某一局部特征,推及知觉对象未知的其他特征,形成对知觉对象的完整印象。

A. 近因效应 B. 晕轮效应 C. 刻板效应 D. 投射效应

13. 大学生人际交往的主要影响因素不包括( )。

A. 认知因素 B. 能力因素 C. 人格因素 D. 知识因素

14. ( )是指由于主观臆断而对别人产生怀疑和不信任的情绪体验。

A. 嫉妒 B. 恐惧 C. 猜疑 D. 虚荣

15. 自负的表现不包括( )。

A. 自夸自大 B. 过于相信自己而不相信他人

C. 不顾他人感受 D. 自怨自艾

16. ( )是指把自己的真实思想、情感、欲望掩盖起来。严重者对任何人都不信任,怀有很强的戒备心,隔断了与他人的交往。

A. 自卑 B. 自我中心 C. 自我封闭 D. 自负

17. 大学生人际交往有( )原则。

A. 2个 B. 3个 C. 5个 D. 4个

18. 语言沟通的另一方面就是要学会( )。

A. 倾诉 B. 倾听 C. 辩论 D. 争论

19. 社交恐惧也称( ),是一种过分的境遇性害怕。

A. 社交回避 B. 社交紧张

C. 社交害怕 D. 社交焦虑障碍

20. 非语言沟通不包括( )。

A. 肢体语言 B. 眼神 C. 书面语言 D. 面部表情

21. 下列不属于赞美的表现是( )。

A. 真诚 B. 拥有爱心 C. 恰当 D. 恭维

22. 根据安德森的研究,在人际交往中受到高度喜爱的性格不包括( )。

A. 真诚 B. 诚实 C. 体贴 D. 固执

23. 最高层次的倾听是( )。

A. 听而不闻 B. 有选择性地倾听

C. 专注地听 D. 抱有同理心地倾听

24. 人际交往礼仪的核心是( )。

A. 尊重 B. 宽容 C. 自律 D. 适度

25. 健康的人际交往模式是(　　)。

A. 我不好—你好　　B. 我不好—你也不好

C. 我好—你也好　　D. 我好—你不好

二、多选题

1. 大学生人际交往的特点有(　　)。

A. 交往心理的迫切性和主观性　　B. 交往意向的平等性和不平衡性

C. 交往对象的异性化　　D. 交往手段的多样性和虚拟性

2. 大学生人际交往的主要类型包括(　　)。

A. 同学关系　　B. 上下级关系　　C. 师生关系　　D. 社会网络

3. 大学生交往的不平衡性主要是指大学生有不同的(　　)。

A. 成长环境　　B. 家庭背景　　C. 个性　　D. 价值观

4. 大学生人际交往存在的问题有(　　)。

A. 多点头之交,少知心好友　　B. 孤独感与交往困难并存

C. 社交恐惧症　　D. 主观上不想社交

5. 大学生人际交往的原则有(　　)。

A. 尊重原则　　B. 适度原则

C. 利益至上原则　　D. 见好就收原则

6. 适度原则对(　　)方面有要求。

A. 时间　　B. 距离　　C. 性格　　D. 频次

7. 语言交流包括(　　)。

A. 肢体语言　　B. 口头语言　　C. 文字语言　　D. 体态语言

8. 拒绝的方法有(　　)。

A. 道明原委　　B. 鼓足勇气说“不”

C. 语言劝导　　D. 幽默拒绝

9. 下列属于刻板印象的是(　　)。

A. 湖南人爱吃辣

B. 东北人热情直爽

C. 南方女孩温婉

D. 漂亮的女人一定在其他方面也很优秀

10. 在人际交往中,存在的心理学效应包括(　　)。

A. 首因效应　　B. 近因效应

C. 晕轮效应　　D. 投射效应

11. 自卑的表现包括(　　)。

A. 自夸自大　　B. 不相信自己　　C. 自我评价低　　D. 自怨自艾

12. 克服嫉妒的方法有(　　)。

A. 认识到嫉妒的危害　　B. 正确认知自我

C. 完善个性　　D. 树立正确的竞争意识

13. 有了共同感兴趣的话题,如何保持下去呢?(　　)

A. 耐心倾听并且鼓励对方讲下去

B. 倾听别人的话时习惯用一些应答语

C. 自顾自地说个没完

D. 进退有度

14. 要提升个人的社交能力,可以(　　)。

A. 多多参加社交活动,丰富社交经验　　B. 积极倾听

C. 细心观察社交环境　　D. 紧缩在自己的小圈子中

15. 请为患社交恐惧症的小明提几点建议:(　　)。

A. 努力提升自信,发现自己的长处　　B. 不要对自己要求过高

C. 拿自己的长处对比他人短处　　D. 时常给予自己积极的心理暗示

16. 感谢也是需要技巧的,下列哪些是感谢的技巧?(　　)

A. 明捧暗讽　　B. 尽可能真诚地表达谢意

C. 养成感谢的习惯　　D. 多想到别人的优点

17. 提升人际交往技能的方法有(　　)。

A. 学会用心倾听　　B. 学会赞美别人

C. 学会换位思考　　D. 学会使用非言语沟通

三、判断题

1. 在人际交往过程中,人们通过相互影响可以促进个体的自我完善。(　　)
2. 自卑是指由于客观条件限制和认识的偏差,认为自己在某个方面或某几个方面都不如别人,从而产生轻视自己、失去信心、畏缩的一种情绪体验。(　　)
3. 根据心理学中的首因效应在人际交往中产生的心理定式,在与陌生人交往时,大学生要注意给人留下良好的第一印象。(　　)
4. 大学生人际交往的特点是交往愿望并不强烈和交往理想化。(　　)
5. 微笑是一种简单、直接地对他人表示友好的方式。(　　)
6. 大学生要避免在人际交往中产生嫉妒,应做到:正确看待别人的长处和能力、善于调整目标、保持良好的心态和善于转移注意力。(　　)
7. 人与人在空间上越接近,就越容易形成彼此之间的亲密关系,如同宿舍、同班的同学更容易成为朋友。这是人际交往中的空间临近性。(　　)
8. 两个素不相识的人第一次接触,会根据对方的外貌、表情、姿态、谈吐、衣着等作出一个初步的评价,形成某种印象,这是首因效应。(　　)
9. 在交往中不分场合、不分情境、不分对象、不顾轻重,恣意纵情,说明情绪情感反应过于冷漠。(　　)

10. 人们在社会交往中运用口头语言和书面语言表达思想和感情的同时，总是伴随着相应的表情、姿态和动作，这是非语言沟通。（ ）

11. 人际交往能力的欠缺是影响人际关系的因素之一。（ ）

12. 害羞经常是由不熟悉的人或情境因素引起的。（ ）

13. 大学生心理问题主要集中在学习、就业、人际交往、情感等方面。（ ）

14. 经常参加集体活动、户外运动、同学聚会，是增进身心健康的良方。（ ）

15. 不要用别人的错误惩罚自己，更不要用自己的错误来封锁一生。（ ）

学、思、践、悟

第九章 我的那些花儿

——大学生的爱情与性心理

学习目标

通过学习更好地理解爱情的本质，培养健康的性心理，并掌握应对情感挑战的技巧。同时，关注相关学术领域的最新动态，不断完善知识体系，以更为成熟的态度面对人生的这一重要阶段。

学习内容

一、初识爱情

爱情，作为人类情感世界中最为复杂和微妙的部分，对于大学生来说，既是一个需要探索的课题，也是个人成长过程中的重要情感体验。

（一）揭开爱的面纱

爱情，并非只是心动的瞬间，它是一种深刻的情感联系，包含了亲密、激情和承诺。揭开爱的面纱，意味着理解爱情背后的情感、责任和承诺。

（二）真爱是什么

真爱是一种深度的情感连接，它基于相互的尊重、理解和支持。真爱超越了表面的吸引，触及灵魂深处，是一种愿意为对方着想，共同成长的情感状态。

（三）鉴别爱

鉴别真爱需要洞察力和智慧。真爱往往体现在日常的小事中，如关心、倾听和无私的付出。它不是占有，而是给予自由和空间。

(四) 寻找爱

在寻找爱情时，应当寻找能够相互成就、共同成长的伴侣。理想的爱情关系应当基于相互的尊重、信任和支持。

(五) 培养爱

爱情需要双方的共同努力来培养，包括双方开放地沟通、共同设定目标，以及在困难面前相互扶持。

二、爱情的心理内涵

爱情是人类情感的高级形式，它有着丰富的心理内涵。

(一) 爱情产生的基础

爱情产生的基础可以归结为生物学因素、社会文化因素以及个人心理因素。这些因素相互作用，共同影响个体的爱情体验。

(二) 爱情发展的阶段

1. 恋爱萌芽期

这是爱情的起始阶段，通常伴随着强烈的情感，被对方深深地吸引。在这个阶段，个体可能会出现心跳加速、脸红等生理反应，以及对对方持续思念。

2. 相知相识期

随着时间的推移，双方开始更深入地了解对方的性格、兴趣和价值观。这一阶段双方的交流更加频繁，双方试图寻找共同点和相互吸引的特质。

3. 情感深化期

在这个阶段，随着相互了解的加深，双方开始分享更深层次的情感和个人经历。情感的纽带变得更加牢固，彼此之间的依赖和信任也日益增强。

4. 稳定期

当一段关系经历了时间的考验后，它将进入一个相对稳定的阶段。在这个阶段，双方已经形成了一套相互适应的行为模式和解决问题的方法。

5. 共同成长期

在这个阶段，双方都致力于个人的成长和发展，并鼓励对方也这样做。这种共同的成长有助于关系的持续发展和深化。

6. 深化承诺期

随着时间的推移，双方可能会作出更深层次的承诺，如订婚或结婚。这一承诺不仅是对对方的承诺，也是对未来共同生活的承诺。

7. 成熟期

在这个阶段，爱情关系达到了成熟和完善的阶段。双方在相互理解和支持中找到了平衡，能够在对方身上找到安慰和力量。

（三）爱情的相关理论

心理学家提出了多种理论来解释爱情的形成和发展，如罗伯特·斯腾伯格(Robert J. Sternberg)的爱情三角理论，认为爱情包含亲密、激情和承诺 3 个要素。这 3 个要素共同构成了爱情，缺少其中任何一个都不成立，正如三点确立一个平面，缺少任何一个点，这个唯一的平面就不存在。然而，具备 3 个要素并不意味着爱情就成为现实，还需要更多的努力来调节这三者的关系。找到真爱不是一件容易的事情。有人认为爱是一种能力，并非天生就有，需要不断地锻炼和实践才能培养出来。

三、大学生的性心理

大学生正处于性心理发展的关键时期，了解这一阶段的大学生性心理对于促进个人成长和社会适应具有重要意义。

（一）了解性

大学生需要对性有一个科学、健康的认识，包括性知识、性健康以及性道德等方面。

（二）性心理特点

大学生的性心理特点通常表现为好奇心强、探索欲望高，同时也伴随着一定的困惑和焦虑。

（三）性心理发展阶段

性心理的发展通常可划分为 3 个主要阶段：青春期的性意识觉醒、成年早期的性探索与性认同形成，以及成熟期的性关系建立与性心理成熟。这些阶段反映了个体从对性的初步认识到性取向的确认，再到建立稳定性关系和性心理成熟的过程。

（四）性心理成熟的标志

性心理成熟的标志包括对性的科学认识、健康的性态度、稳定的性关系以及负责任的性行为。

四、大学生的爱情与性心理问题及调适

在爱情与性心理发展过程中，大学生可能会遇到各种问题，学会调适和解决这些问题对于个人的心理健康至关重要。

（一）大学生常见恋爱心理偏差及调适

在大学生活中，恋爱关系是个体情感发展的重要组成部分。然而，大学生在恋爱过程中可能会遇到一些心理偏差，比如将伴侣理想化、过度依赖伴侣或占有欲过强等。这些偏差可能源自大学生对恋爱关系不成熟的期望或个人情感需求的不恰当表达。为了调适这些偏差，大学生需要加深自我认知，通过自我反思和情感教育来建立更贴近现实的对伴侣的期望，理解独立的重要性，并培养健康的交往模式。此外，开展有效的沟通技巧培训和情绪管理教育，以及在必要时提供专业心理咨询，对于帮助大学生克服恋爱中的心理障碍，促进其情感成熟和恋爱关系的稳定发展具有重要意义。

（二）大学生常见性心理困扰及调适

性心理困扰是大学生在性心理发展过程中可能面临的问题。这些问题可能包括性知识缺乏、性焦虑、性身份困惑等，它们可能对个体的心理健康和人际关系产生不利影响。为了有效调适性心理困扰，大学生首先需要接受全面的性教育，以增进对性健康和性安全的理解。此外，学校和社会应提供开放的讨论平台，鼓励学生就性相关话题进行坦诚交流，从而减少误解和偏见。对于性焦虑等更深层次的心理问题，建议学生学习放松和压力管理技巧，必要时寻求专业心理咨询师的帮助，以促进心理健康。

生活中的心理学

一、在大学生活中和对象闹矛盾了怎么办？

大学生活中，情侣间产生矛盾是常见的问题。当矛盾出现时，要冷静下来，不要让情绪控制行为。沟通是解决矛盾的重要途径，需要用心倾听对方的心声，理解对方的感受和需求。在这个过程中，心理学提供了一些方法和技巧，可以帮助我们更好地处理矛盾。

首先，要学会倾听。倾听是沟通的基础，也是解决矛盾的关键。在倾听的过

程中，要全神贯注地关注对方，不要打断对方或提前作出判断。这样可以更好地理解对方的情感和需求，找到解决方案。

其次，要学会冷静分析。在矛盾出现时，人们很容易情绪化。这时需要冷静下来，理性分析问题。通过分析矛盾的根源和影响，找到更好的解决方案。

再次，折中也是解决矛盾的一种有效方法。在双方都不让步的情况下，可以尝试找到一个双方都能接受的平衡点。这样的解决方案能够满足双方的需求，促进关系的和谐发展。

最后，要寻求外部帮助。当自己无法解决矛盾时，可以寻求朋友、家人或专业心理咨询师的帮助。他们可以提供客观的观点和建议，帮助双方更好地面对问题并找到解决方案。

总之，处理情侣间的矛盾需要双方共同的努力和智慧。运用心理学的知识和技巧，可以更好地应对矛盾，促进关系的和谐发展。

二、如何平衡自己独处的时间和跟对象相处的时间？

从心理学角度来看，平衡独处时间和与对象相处的时间涉及自我意识、情感认知和人际关系等多个方面。独处能促进自我反思和成长，提升自主性和独立性；而与对象在一起则有助于建立亲密关系和情感交流。

为了实现平衡，我们可以设定固定的时间用于独处和与对象相处，这样既可以确保个人空间，又能满足情感需求。同时，沟通是关键，坦诚地分享感受和需求，可以更好地理解彼此的需求和期望。

心理学专业知识表明，平衡独处时间和与对象相处的时间有助于促进个人成长和亲密关系的和谐发展。通过深入反思和情感交流，我们可以更好地认识自己和对方，从而在亲密关系中找到平衡点。

三、在恋爱中，怎么让自己不要太依赖对方？

在恋爱关系中，很多人都会过度依赖对方。从心理学角度来看，这种情况往往与不安全依恋有关。不安全依恋会导致个体在恋爱中过度关注伴侣的一举一动，甚至对一些小事产生过度的反应。

要解决这个问题，需要加深自我认知，了解自己的情感需求和依恋模式有助于更好地掌握自己的情绪。

其次，建立独立的自我意识也是关键。可以发展自己的兴趣爱好和社交圈，不过分依赖对方。这样可以增加自信，减少对伴侣的过度关注。

另外，与伴侣坦诚沟通也是必要的。可以告诉对方自己的担忧和不安，这样可以让双方更好地理解彼此的需求和情感状态。通过良好的沟通,可以共同找到解决问题的方法。

最后,如果过度依赖的情况严重,可以考虑寻求专业心理咨询师的帮助。他们可以提供更具体的建议和方法,帮助你解决过度依赖的问题。

综上所述,解决恋爱中的过度依赖问题需要加深自我认知、建立独立意识、提升沟通技巧和寻求专业支持。通过这些方法,可以建立健康的恋爱关系,减少不必要的焦虑和担忧。

四、当感觉心情有点低落或者焦虑的时候,要怎么跟对象说才不会吵架?

当我们感到心情低落或焦虑时,与伴侣的沟通需要特别小心。首先,我们需要选择一个合适的时机和环境,确保双方都有足够的时间和空间来倾听与表达。

其次,我们可以采用"I"("我")语句,即表达自己的感受和需求,而不是指责对方。例如,"我今天感觉有点焦虑,希望你能多关心我一下",这样的表达更能引起对方的理解和共鸣。

同时,我们不要把情绪发泄在对方身上,而是要真诚地表达自己的内心感受。例如,"我现在心情不太好,可能会说错话,希望你能理解"。这样的表达能让对方感受到你的真实情绪,而不是引起争吵。

最后,我们需要给予对方足够的支持和安慰,如拥抱、亲吻等亲密接触,以及肯定和鼓励的话语。这些都能让对方感受到你的爱和关心,从而减少争吵的可能性。

总之,与伴侣沟通情感问题需要耐心、理解和支持。通过正确的表达方式,我们可以减少争吵,增进双方的感情。

五、怎么理解和接受对方的需求和底线?

从心理学角度来看,理解和接受对方的需求和底线是非常重要的。要学会倾听和尊重对方的感受,这需要有良好的沟通能力和共情能力。情侣双方的需求和底线往往是相互依存的,因此双方都需要对彼此的需求和底线有一定的了解和认识。

在理解和接受对方的需求和底线时,需要注意以下 4 点。

第一,尊重对方的个人空间和隐私,不要试图控制或改变对方。

第二,学会换位思考,理解对方的立场和情感,不要轻易伤害对方的感情。

第三,在沟通和交流时,要保持冷静和理性,不要用过激的言辞或行为来表达自己的不满情绪。

第四，找到一个平衡点，让双方都能够感到满意和舒适。这可能需要双方作出一些妥协或调整，但这是建立健康情侣关系所必需的。

要记住，理解和接受彼此的需求和底线是一个长期的过程，需要双方共同努力。只有在相互尊重和理解的基础上，才能够建立起健康、稳定的情侣关系。

六、失恋后该如何调整自己的心态，让自己不要那么难过？

失恋是一种常见的情况，以下是一些从心理学角度出发的调整心态的方法，可以帮助你走出失恋的阴影。

第一，接受情绪。允许自己感到难过和痛苦，这是正常的反应。不要试图压抑或否认这种情绪，而是要尝试接受自己的情绪，并给自己一定的时间和空间恢复。

第二，寻求支持。和朋友、家人或专业心理咨询师分享自己的感受和经历。与他们交流可以帮助你减轻心理负担，获得支持和理解。

第三，关注自我成长。将注意力转移到自己的成长和发展上。尝试培养新的爱好和兴趣，提升自己的能力和技能。通过关注自我成长，你可以逐渐恢复自信和力量。

第四，保持积极心态。尽量保持积极的心态，专注于自己的优点和成就。提醒自己恋爱并不是生活的全部，仍然有很多机会和可能性等待你去探索。

第五，自我关爱。在这个困难的时期，照顾好自己的身体和心理健康。保持良好的作息规律，均衡饮食，进行适当的运动。同时也要给自己足够的休息和放松时间。

最重要的是要记住，失恋虽然痛苦，但它也是一次成长的机会。通过调整心态和积极应对，你可以逐渐走出阴影，重新找到属于自己的幸福。

七、怎样保持长期良好的恋爱关系？

从心理学角度来看，保持长期良好的恋爱关系的关键在于以下 5 个方面。

第一，相互尊重和理解是基础。人们都有自己的想法和感受，学会倾听和尊重对方的观点，理解对方的情感，这样能够减少冲突，加深感情。

第二，有效的沟通是关键。情侣之间需要建立开放、诚实、坦率的沟通方式，及时表达自己的想法和感受，避免误解和猜疑。

第三，给予支持和鼓励。在对方需要帮助或者取得成就时，给予支持和鼓励，能够增强彼此的信任和依赖。

第四,保持彼此的独立空间。每个人都需要有自己的独立空间,不要过分依赖对方,要尊重对方的个人隐私和自由。

第五,处理冲突和化解矛盾是艺术。在出现争执和冲突时,要学会冷静分析问题,理性处理矛盾,避免情绪化的争吵和攻击。

总之,维持长期良好的恋爱关系需要双方的共同努力和持续的沟通。只有在相互尊重和理解的基础上,才能建立起稳定、幸福的恋爱关系。

实践活动

学术启蒙

《诗》云:"桃之夭夭,其叶蓁蓁,之子于归,宜其家人。"宜其家人,而后可以教国人。《诗》云:"宜兄宜弟。"宜兄宜弟,而后可以教国人。

——《大学》

《大学》引用《诗经》中的诗句,强调了家庭和谐的重要性,并认为这是国家治理的基础。这些内容与爱情和性心理相关,探讨了婚姻、家庭成员之间的关系以及家庭幸福对社会和谐的影响。

一、爱情价值观大讨论

活动目的:形成和表达个人的爱情观,增进对他人的理解和尊重。

活动流程:引入话题—分组讨论—角色扮演—小组展示—开放讨论—教师点评。

引入话题:通过 PPT 或视频展示不同文化背景下的爱情观。

分组讨论:分组讨论现代爱情价值观的特点。

角色扮演:准备一个与爱情价值观相关的冲突情境。

小组展示:每组表演情景剧 5 分钟。

开放讨论:全班就展示内容进行讨论。

教师点评:总结讨论要点,强调爱情价值观的多样性和重要性。

所需材料:PPT/视频材料、计时器、展示空间。

评估维度:讨论参与度、角色扮演的质量、讨论贡献度。

二、性心理健康知识竞赛

活动目的:普及性心理健康知识,提高自我保护意识。

活动流程:知识讲解—知识竞赛—互动环节—结果公布—总结讨论。

知识讲解:介绍性心理健康的相关知识。

知识竞赛:题库包括选择题、判断题,两种题型各出 40 道题。在保证竞赛公平的同时让学生加深对性心理健康的理解。

互动环节：快速问答。

结果公布：根据得分公布结果。

总结讨论：教师讲解竞赛中的知识点。

所需材料：知识题库、计分板、计时器、奖品。

评估维度：知识竞赛得分、活动参与度、知识点掌握程度。

三、情感沟通工作坊

活动目的：提升情感沟通能力，学习解决冲突的方法。

活动流程：情境介绍—小组准备—角色扮演—反馈与讨论—技巧总结。

情境介绍：提供情感沟通的典型情境。

情境一：误会解除

背景：一对恋人中的一方被误认为与异性朋友过于亲密。

目标：通过有效沟通消除误会，恢复信任。

练习：角色扮演，一方解释情况，另一方表达感受并提出疑问，最终通过交流达到理解。

情境二：时间管理冲突

背景：两个忙碌的职场人士因为工作安排导致约会频繁取消。

目标：学习如何平衡工作与个人生活，确保双方需求得到满足。

练习：讨论并制订计划，探讨如何重新安排时间以便双方能有时间相处。

情境三：家庭价值观差异

背景：来自不同文化背景的家庭成员在节日庆祝方式上存在分歧。

目标：增进相互理解，尊重各自的家庭传统，寻找共同庆祝的方式。

练习：家庭成员之间开展开放性对话，分享各自的家庭传统，并探讨融合方案。

情境四：长期目标不一致

背景：伴侣中的一方有意向迁移到其他国家工作，而另一方则希望留在当前城市。

目标：探讨双方的未来愿景，寻找折中方案或达成共识。

练习：开展深入讨论，了解彼此的职业规划和生活愿景，尝试找到双赢的解决方案。

情境五：生活习惯差异

背景：伴侣双方因为生活习惯不同(如卫生习惯、作息时间)产生摩擦。

目标：通过沟通建立伴侣双方的相互尊重和合理边界。

练习：双方坦诚交流各自的生活习惯给对方带来的不便，制订共同遵守的生活规则。

小组进行角色扮演，模拟情感沟通过程；其他组提供反馈，教师总结有效沟通技巧。

所需材料：情境案例描述、角色扮演指导、讨论空间。

评估维度：角色扮演的真实性、沟通技巧的运用、反馈的质量。

习题演练

一、单选题

1. 幸福在很大程度上源于(　　)。

A. 爱　　B. 拒绝　　C. 性　　D. 叠被子

2. 大学生需要确立正确的爱情观吗？(　　)

A. 不需要　　B. 需要　　C. 无所谓　　D. 随便

3. 美国社会心理学家认为，(　　)是深度的喜爱。

A. 训练　　B. 付出　　C. 性　　D. 爱

4. 一个女性说："我像个女汉子那样顶天立地。"这种说法指(　　)。

A. 性取向　　B. 性别自我概念

C. 性感　　D. 性度

5. 男性与女性在行为方式上的差异通常被称为(　　)。

A. 性别　　B. 性行为　　C. 性生活　　D. 性别角色

6. 青年期的常见心理障碍不包括(　　)。

A. 恋物癖　　B. 露阴癖　　C. 同性恋　　D. 窥阴癖

7. 斯滕伯格的爱情三角模型中完美的爱是(　　)。

A. 亲密、激情、承诺　　B. 亲密

C. 激情　　D. 承诺

8. 大学生应该要有(　　)的恋爱价值观。

A. 错误的　　B. 不妥当　　C. 正确　　D. 完美

9. 爱情产生的生理基础是(　　)。

A. 性发育　　B. 生理成熟　　C. 内心的渴望　　D. 性意识萌芽

10. 亲密关系的发展依次分为(　　)阶段。

A. 刺激、价值、角色　　B. 价值、刺激、角色

C. 价值、角色、刺激　　D. 角色、刺激、价值

11. 下列哪项不属于爱情发展的阶段？(　　)

A. 刺激吸引阶段　　B. 相互认识阶段

C. 价值获取阶段　　D. 角色适应阶段

12. 大学生青春期性心理发展阶段不包含(　　)。

A. 异性疏远期　B. 异性接近期　C. 异性恋爱期　D. 异性表白期

13. 在大学期间，谈恋爱最主要的目的是(　　)。

A. 寻找未来的伴侣　B. 丰富生活经验

C. 缓解孤独感　D. 满足家长期望

14. 对于大学生来说，爱情和学业哪个更重要？(　　)

A. 爱情　B. 学业

C. 二者同等重要　D. 无法比较

15. 在恋爱中，大学生的首要关注点是(　　)。

A. 经济条件　B. 外貌和身材

C. 性格和价值观　D. 社会地位和家庭背景

16. 大学生在恋爱中遇到问题时，应选择哪种方式解决？(　　)

A. 直接沟通　B. 冷战或逃避　C. 向朋友倾诉　D. 分手

17. 对于大学生的性行为，下列哪个观点是正确的？(　　)

A. 性行为是个人自由，不应该受到道德约束或评价

B. 性行为是一种责任行为，应该慎重考虑并负责任地处理

C. 性行为是一种娱乐行为，不应该过分重视其后果

D. 性行为是一种危险行为，应该避免发生

二、多选题

1. 青春期性心理的发展大体上经历(　　　)3 个时期。

A. 异性疏远期　B. 异性幻想期

C. 异性接近期　D. 异性恋爱期

2. 下列哪些为大学生性心理成熟的标志？(　　　)

A. 具有科学的性知识　B. 有良好的性道德

C. 有正当的性行为　D. 能负责地作出有关性方面的决定

3. 爱情发展的阶段包括(　　　)。

A. 取样和评估阶段　B. 互惠阶段

C. 承诺阶段　D. 制度化阶段

4. 爱情有哪些理论阶段？(　　　)

A. 幻想阶段　B. 刺激阶段　C. 角色阶段　D. 价值阶段

5. 下列哪些为不成熟的爱情心理？(　　　)

A. 好奇心理　B. 占有心理　C. 互益心理　D. 游戏心理

6. 人本主义学派认为，人类的爱分为什么类型？(　　　)

A. A 型　B. B 型　C. C 型　D. D 型

7. 下列哪些是关于爱情的主要非理性观念？(　　　)

A. 爱不需要理由　B. 爱是缘分也是感觉

C. 没有爱情的大学生活是失败的　　D. 爱情重在过程而不重在结果

8. 爱情产生的基础有哪些？(　　)

A. 生理基础　　B. 心理基础

C. 爱情的社会性　　D. 爱情的独立性

9. 性的发展阶段有哪些？(　　)

A. 自恋阶段　　B. 生殖器阶段

C. 同性爱阶段　　D. 异性爱阶段

10. 大学生性心理的特点有(　　)。

A. 渴望了解性知识　　B. 性冲动及其释放

C. 性冲突和性压抑　　D. 渴望性体验

11. 健康的性心理包括(　　)。

A. 健康的性动机　　B. 健康的性意识

C. 健康的性感情　　D. 正确的性观念

12. 导致单恋的主要原因有(　　)。

A. 误会　　B. 幻想　　C. 过分执着　　D. 偏执

13. 爱情的(　　)吸引着无数青年男女。

A. 神圣　　B. 庄严　　C. 美好　　D. 神秘

14. 从医学角度看，和谐的性行为需要(　　)的环境。

A. 安全　　B. 私密　　C. 抑制　　D. 舒适

15. 性压抑不是指一味地压制，而是指通过适当的(　　)得到合理的疏导。

A. 幻想　　B. 释放　　C. 转移　　D. 升华

16. 完美的爱情需要哪些元素？(　　)

A. 亲密　　B. 激情　　C. 承诺　　D. 喜欢

17. 亲密是指与伴侣间(　　)的感觉。

A. 心灵相近　　B. 互相契合　　C. 相互责怪　　D. 相互厌恶

18. 爱情把人的自然本性和社会本质联结在一起，它是生物关系和(　　)的综合体。

A. 社会关系　　B. 生理因素　　C. 心理因素　　D. 爱情因素

三、判断题

1. 身体的成熟一定会带来爱情。(　　)

2. 爱情产生的生理基础是生理的成熟。(　　)

3. 性冲动是一个健康、正常的人自然和本能的行为表现。(　　)

4. 真正的爱情，意味着不仅要欣赏爱，而且要培养爱、创造爱。(　　)

5. 不谈恋爱说明自己没有魅力。(　　)

6. 恋爱中双方你情我愿，不需要负什么责任。(　　)

7. 真正的爱体现为随意流露的热情和过度的亲昵。 ( )

8.《情爱论》是保加利亚社会学家瓦西列夫创作的。 ( )

9. 爱是深度的理解和接受,是深度的喜爱。 ( )

10. 爱情是人类高尚的精神体验,是灵魂与肉体的完美结合。 ( )

11. 失恋之后应该反复去想之前的恋情,搞清楚自己到底为什么失败。 ( )

12. 体育锻炼、创作活动、学习和艺术活动都能有效地转移和宣泄青年的性冲动。 ( )

13. 美国心理学家斯腾伯格提出爱情三角理论,认为爱情包含亲密、激情、承诺3个要素。 ( )

学、思、践、悟

第十章 风雨之后是彩虹

——大学生压力管理与挫折应对

学习目标

通过学习正确理解压力和挫折，了解大学生压力及挫折的主要来源，了解压力与挫折对人生的意义，学会正确管理压力和应对挫折。

学习内容

一、大学生压力与挫折概述

(一) 认识压力

1. 压力的定义

压力是个体在面对挑战、需求或威胁时产生的心理和生理反应。它是生活中不可避免的一部分，可以源自学业、人际关系、工作、经济状况等多种因素。

2. 压力的反应与危害

压力的反应：压力会引起一系列身体和心理的反应。生理上，可能会出现心跳加速、血压升高、肌肉紧张、失眠等症状。心理上，则可能出现焦虑、烦躁等情绪反应。

压力的危害：长期或过度的压力对个体的健康有潜在的负面影响。它可能导致心理健康问题，如焦虑和抑郁症，也可能引发一系列生理健康问题，如心脏病和免疫系统功能下降。

(二) 认识挫折

1. 挫折的定义

挫折是指个体在追求目标的过程中遇到的障碍或失败，它阻碍了个体达成所期望的结果。挫折是成长过程中的常见现象，对每个人的生活都有影响。

2. 挫折的特征

（1）普遍性：挫折是每个人在追求目标的过程中都可能遇到的经历，它是普遍存在的。

（2）两面性：挫折既有消极的一面，可能导致失望和沮丧，也有积极的一面，可以作为学习和成长的机会。

（3）暂时性：挫折是暂时的，它并不代表个体的永久失败，而是通往成功道路上的一个阶段。

3. 影响挫折感的因素

影响挫折感的因素见表10-1。

表10-1 影响挫折感的因素

因素	描述
动机强度	追求目标的欲望越强，挫败感可能越强
自我期望值	自我期望值越高，遇到挫折时的失望感可能越强
个人抱负水平	抱负水平越高，对挫折的敏感度可能越高，面对的挑战也更大
个人容忍力	容忍力越强，个体越有可能从挫折中重振信心并继续前进

二、大学生常见压力与管理

（一）大学生压力的种类

1. 内部压力与外部压力

内部压力源自个体内心的期望和标准，如自我期望、完美主义倾向等；外部压力则来自环境，如社会期望、家庭压力、学业要求等。

2. 大学生心理发展的五大压力

（1）观念变革的压力：在快速变化的社会中，大学生需要不断适应新的观念和价值观，这可能带来心理上的冲突和压力。

（2）经济负担的压力：学费、生活费等经济问题对许多大学生来说是一项重大的压力。

（3）学习的压力：课程难度、考试、竞争等学习相关因素，对大学生的心理健康构成挑战。

（4）择业就业的压力：职业选择、就业市场的竞争和未来职业发展的不确定性，给大学生带来压力。

（5）人际关系的压力：建立和维护友谊、恋爱关系以及处理人际冲突等，都可能成为压力的来源。

(二) 正确管理压力

1. 正确认识压力

理解压力是生活的一部分，认识到适度的压力可以激发潜能，促进个人成长。

2. 压力是相对值

不同的个体对同一压力源的反应不同，压力的感知具有主观性。

3. 压力具有可控性

通过积极的策略和方法，个体可以管理和减轻压力的影响。

(三) 压力管理的有效途径

1. 提升自信心

通过设定并实现小目标，积累成功经验，可以增强自我效能感，提升自信心。

2. 控制自己的情绪

学习情绪管理技巧，如深呼吸、冥想和正念，以平和的心态面对压力。

3. 有效管理时间

制订合理的时间表，优先处理重要任务，避免拖延。

4. 学会放松自己

利用阅读、听音乐、欣赏艺术等活动来放松心情，减轻压力。

5. 坚持体育锻炼

定期进行体育活动，如跑步、游泳或练瑜伽，以增强身体素质和缓解压力。

三、大学生常见挫折与应对

(一) 大学生挫折心理的表现

1. 生活方面

在适应大学生活的过程中，大学生可能会遇到生活习惯的改变、经济压力、时间管理等问题，这些都可能成为挫折的来源。

2. 学习方面

学业挑战、考试失败、专业选择的困惑等学习相关的问题，是大学生常见的挫折来源。

3. 人际关系方面

建立和维护友谊、处理人际冲突、社交焦虑等，都可能给大学生带来挫折感。

4. 感情方面

恋爱关系的建立、维持和结束，以及与之相关的情感波动，也会给大学生带来挫折感。

5. 就业方面

职业规划的不确定性、就业市场的竞争、面试失败等，都可能使大学生产生挫折感。

（二）大学生面对挫折出现的行为反应

1. 攻击行为

面对挫折时，一些大学生可能会表现出愤怒和攻击性。

2. 冷漠

有些大学生可能选择以冷漠的态度来应对挫折，以保护自己不受伤害。

3. 压抑

大学生压抑自己的情感，避免直面挫折带来的痛苦。

4. 退行

大学生在面对挫折时，退回到早期的行为模式，以寻求心理上的安慰。

5. 合理化或文饰作用

大学生为自己的行为找借口，以减轻内心的不安。

6. 反向

大学生以与内心真实感受相反的行为来应对挫折。

7. 投射

大学生将自己的不安或失败归咎于外部因素或他人。

8. 转移

大学生将挫折感转移到其他事物上。

9. 补偿

大学生通过在其他领域取得成就来弥补挫折带来的失落感。

10. 升华

大学生将挫折感转化为积极的动力，追求更高的目标。

（三）解决大学生挫折心理的对策

1. 正确认识挫折

将挫折视为成长过程中的自然现象，是学习和进步的机会。

2. 客观分析挫折产生的原因

理性分析挫折产生的原因，找出问题所在，制订解决方案。

3. 积极总结经验教训

从挫折中学习，总结经验，避免重复同样的错误。

4. 合理运用心理防卫机制，缓解心理压力

适当使用心理防卫机制，如开玩笑、积极思考等，来减轻压力。

5. 合理宣泄不良情绪

找到健康的方式来表达和宣泄情绪，如运动、写日记等。

6. 增强抗挫折能力

通过挑战自我、参与团队活动等方式，提高面对挫折的能力。

7. 建立和谐的人际关系

培养良好的人际交往能力，建立支持性的社交网络。

8. 注重自身修养，提高思想境界

通过阅读、思考和实践，提升个人素养和思想深度。

生活中的心理学

一、压力对我们来说完全是坏事吗？

压力并不完全是坏事。在心理学中，压力是个体的内心冲突和冲突产生时伴随的强烈情绪体验。在一定范围内，压力能够激发个体的潜能，促使个体更加专注于任务，提高注意力和工作效率。同时，适度的压力也可以增强个体的适应性和韧性，帮助个体更好地应对挑战。然而，过度的压力会对身体和心理健康造成负面影响。长期处于高压状态可能导致植物神经紊乱、内分泌失调、失眠、易怒、情绪低落等问题，甚至可能引发心脏和肝脏疾病。因此，我们需要合理管理压力，将其保持在适当的水平，以便更好地应对生活中的挑战和机遇。

二、如何利用积极心理学来提升幸福感和应对挫折？

积极心理学强调个体内在的积极力量和人类的美好特质，通过培养和发掘这些积极的品质和力量，可以提高个体的幸福感和应对挫折的能力。以下是一些具体方法。

第一，培养乐观的思维方式。乐观是指对未来有积极预期和从积极角度看待问题。通过认知重构，将悲观的想法转变为乐观的想法，可以增强个体的心理韧性。例如，当遇到挫折时，乐观的人会将其视为成长的机会，而不是看作失败。

第二，建立社交支持网络。与他人建立良好的关系，遇到困难时能够得到支持和帮助，可以增强个体应对挫折的能力。建立与家人、朋友和同事的良好关系，形成一个互助支持的网络，有助于减轻压力和挫折感。

第三，寻找内在的满足感。通过追求自己认为有意义的活动和兴趣爱好，个体可以找到内在的满足感。内在的满足感可以提升个体的幸福感和生活满意度，从而更好地应对挫折和困难。

三、挫折是否会影响大学生的自我评价？

挫折会影响大学生的自我评价。当个体遇到挫折和困难时，很容易产生自我怀疑和自我贬低的情绪。这主要是因为人们在面对困难时，容易质疑自己的能力和价值，从而产生消极的自我评价。这种负面的自我评价会削弱个体的自信心，使其减少学习动力，对个人的成长和发展产生不利影响。此外，挫折还可能导致情绪波动，如焦虑、沮丧和压力增大等。这些情绪反应可能会进一步影响个体的自我评价，使其更加消极。因此，对于大学生来说，面对挫折和困难时，应保持积极的心态，学会从挫折中吸取经验教训，提升自己的能力和价值感。

四、大学生产生压力的原因有哪些？

大学生正处于人生的转折点，面临的压力来源也多种多样，主要有以下 5 个方面。

第一，学业压力。大学课程相较于中学课程更为深入和复杂，很多大学生会感受到学业压力，担心成绩不理想、考试不及格等。此外，对于一些想要争取评奖评优的大学生来说，学业成绩的要求更高，他们面临的压力也更大。

第二，人际关系。大学生的人际关系比中学更为复杂，同学之间的相处也可能使大学生出现一些心理问题，如孤独、疏离、心理冲突等。同时，宿舍关系、班级关系等也可能引发大学生的心理压力。

第三，心理发展不成熟。大学生处于心理发展的关键期，其心理状态可能不稳定，面对压力时容易产生情绪波动或心理困扰。一些大学生可能存在自卑、焦虑、抑郁等心理问题，这些心理问题也可能引发他们的压力感受。

第四，家庭期望与社会环境的影响。家庭期望和社会环境也可能给大学生带来压力，如家庭对学业的要求、社会的竞争压力等。这些外部因素可能对大学生的心理造成一定的负担。

第五，自我期望与现实的落差。大学生普遍对自己有较高的期望，希望在学业、社交、个人发展等方面取得成就。然而，当这些期望未能实现时，他们可能会感到失望和挫败，从而产生心理压力。

五、社会支持在大学生应对压力和挫折的过程中起到了怎样的作用？

社会支持在大学生应对压力和挫折的过程中起到了至关重要的作用。在面对压力和挫折时，大学生的情绪容易受到影响，产生焦虑、抑郁等负面情绪。而良好的社会支持网络可以给予他们关心和支持，帮助他们走出困境，缓解负面情绪的影响。社会支持能够提升大学生的自我效能感，增强他们应对挑战的信心。这种自我效能感的提升有助于培养大学生的心理韧性和应对压力的能力。通过社会支持，大学生可以获得他人的鼓励和肯定，从而提升自信心，更加积极地面对生活中的困难。社会支持能够促进大学生之间的社交互动和情感交流。在大学期间，建立良好的人际关系对于大学生的心理健康和成长至关重要。

六、当今的网络环境对大学生有何影响？

当今的网络环境对大学生产生了多方面的影响。首先，社交媒体上的热门话题和讨论可能让大学生产生焦虑和压力，因为他们可能会担心自己在学业、社交和个人发展等方面无法达到他人的期望。其次，网络环境中的竞争和攀比现象加剧了“内卷”现象，使得大学生之间的竞争更加激烈，从而增加了他们的压力。再次，网络环境中的信息过载和碎片化也可能导致大学生注意力分散，难以专注于学习和生活，从而产生压力。最后，虚拟世界与现实世界的冲突也可能对大学生造成压力。由于网络环境的虚拟性，大学生可能会对虚拟世界中的信息产生过度依赖，从而难以对现实世界作出正确的认知和判断。

实践活动

学术启蒙

知止而后有定，定而后能静，静而后能安，安而后能虑，虑而后能得。物有本末，事有终始，知所先后，则近道矣。

——《大学》

这段话提供了一种系统的方法来管理压力和应对挫折：明确目标，减少焦虑（知止而后有定）；保持冷静，避免冲动（定而后能静）；心安理得，从容应对(静而后能安);深入思考,找到解决办法(安而后能虑),最终收获成功(虑而后能得)。通过设定清晰的目标、保持内心的平静、深入思考问题,并最终找到解决问题的方法,人们可以更好地应对生活中的各种挑战。

绘制生活曲线图

① 请同学们回忆,在生活曲线图(图 10-1)上写下自己的故事,上部代表积极的生活事件,下部代表消极的生活事件。

② 对未来做一个预测。

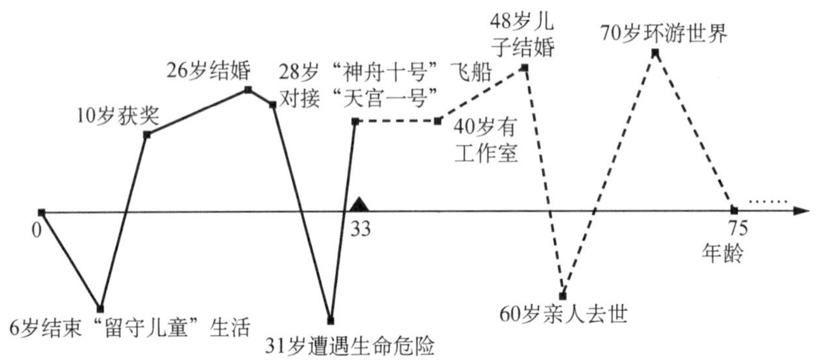

图 10-1 生活曲线图示例

组内讨论:

① 有没有完全一样的生活曲线图?

② 对比小组成员的生活曲线图,有哪些相同的地方?有哪些不同的地方?

③ 看完其他成员的生活曲线图,你有什么发现?

讨论后总结:

其实每个人的生活都不是一帆风顺的,都有曲折。生活中有一些不如意的事情存在和发生,我们需要学会面对和接纳生活中的不如意。我们可以积极地悦纳生活,让自己的生活曲线向着积极的方向延伸和发展。

习题演练

一、单选题

1. 压力这一概念最早是由加拿大心理学家(　　)提出的。

A. 伯纳德　　B. 汉斯　　C. 艾利斯　　D. 霍姆斯

2. 下列关于压力的描述不正确的是(　　)。

A. 压力是由刺激引起的

B. 压力概念最先由维克多·E.弗兰克尔提出

C. 压力伴有躯体机能以及心理活动改变

D. 压力是一种身心紧张状态

3. 压力是人在环境中受到刺激影响而产生的(　　)情绪。

A. 焦虑　　B. 紧张　　C. 愤怒　　D. 悲伤

4. 压力的反应不包括(　　)。

A. 心理反应　　B. 生理反应　　C. 行为反应　　D. 态度反应

5. 下列属于压力的生理反应的是(　　)。

A. 心率加快　　B. 烦躁,喜怒无常

C. 注意力不集中　　D. 指责抱怨

6. 下列不属于压力的心理反应的是(　　)。

A. 注意力集中　　B. 警觉

C. 情绪的适度唤起　　D. 出汗

7. 下列属于压力的过度心理反应的是(　　)。

A. 愤怒不安　　B. 注意力集中

C. 出汗　　D. 头疼

8. 当压力过度时,会对(　　)造成损害,比如对器官功能的影响。

A. 身体功能　　B. 心理功能　　C. 认知功能　　D. 情绪功能

9. (　　)的压力会影响到睡眠。

A. 适度　　B. 过度　　C. 轻度　　D. 中度

10. 下列属于内部压力的是(　　)。

A. 家庭经济条件　　B. 老师的期望

C. 父母教养方式　　D. 自我要求过高

11. 挫折不具备下列哪个特征?(　　)

A. 普遍性　　B. 两面性　　C. 暂时性　　D. 持续性

12. 挫折是当人们的(　　)不能得到满足时产生的。

A. 需要　　B. 动机　　C. 信念　　D. 刺激

13. 下列关于个人抱负水平和挫折的说法,哪项是正确的?(　　)

A. 抱负水平高的人比抱负水平低的人更容易产生挫折感

B. 抱负水平低的人比抱负水平高的人更容易产生挫折感

C. 抱负水平高的人和抱负水平低的人一样容易产生挫折感

D. 都不正确

14. 大学生要正确认识压力与挫折,下列哪项不正确?(　　)

A. 以疯狂学习或工作来应对　　B. 认识到压力和挫折是难免的

C. 认识到压力和挫折的双重性　　D. 树立正确的压力和挫折观

15. 有效管控和应对压力的前提是(　　)。

A. 规避压力　　B. 回避压力　　C. 认识压力　　D. 逃避压力

16. 小张因生理上的缺陷而转向发奋学习,终于在学业上取得突出的成绩,这是一种(　　)。

A. 升华　　B. 投射　　C. 合理化　　D. 压抑

17. 小明刚和前任恋人分手,为了减轻失恋的痛苦,马上又找了一个女朋友,这是一种(　　)。

A. 投射　　B. 转移　　C. 合理化　　D. 补偿

18. 张某,女,35 岁,因急性阑尾炎入院,手术治疗后第 3 天仍不愿下床活动,需家人的陪伴和精心照顾才觉得心里舒服,她采用的心理防御机制是(　　)。

A. 补偿　　B. 合理化　　C. 退行　　D. 升华

19. 王强考试不及格时总是说:"那些考得好的人都是靠死记硬背的,并不能证明他们有能力;我考得差也不能说明我没能力。其实分数是无所谓的。"这是(　　)防卫机制。

A. 合理化　　B. 反向　　C. 补偿　　D. 压抑

20. 下列属于应对挫折的积极行为反应的是(　　)。

A. 升华　　B. 攻击　　C. 冷漠　　D. 压抑

21. 下列什么做法属于不合理地宣泄自己的不良情绪?(　　)

A. 找一个相信的人去倾诉　　B. 自己找一些方式解决问题

C. 去外面跑步调整自己的心态　　D. 看待一切都是不如意的

22. 错误解决挫折的方式是什么?(　　)

A. 正确看待挫折,并找到自己能够解决的方式

B. 尝试分析自己会有这个想法的原因

C. 吸取挫折的教训并改正

D. 什么都不做

23. 在大学中可能出现的压力源是(　　)。

A. 学习上的压力　　B. 新环境的不适应

C. 各方面的不习惯　　D. 以上都是

二、多选题

1. 压力状态下的行为反应可分为(　)和(　)。

A. 直接反应　B. 表情反应　C. 动作反应　D. 间接反应

2. 长期处于过度压力下,会导致(　　)。

A. 个体反应速度下降　　B. 情绪稳定

C. 失眠　　D. 不安焦虑

3. 心理挫折是由(　　)构成的。

A. 挫折情境　B. 挫折认知　C. 挫折反应　D. 挫折情绪

4. 压力管理的有效途径是(　　)。

A. 控制自己的情绪　　B. 有效管理时间

C. 学会放松自己　　D. 坚持体育锻炼

5. 当一个人的压力过度时,会(　　)。

A. 损害身体健康　　B. 认知功能下降

C. 影响睡眠　　D. 产生消极情绪

6. 挫折的特征是(　　)。

A. 普遍性　B. 两面性　C. 暂时性　D. 持续性

7. 影响挫折感的因素有(　　)。

A. 动机的强度　　B. 对自我的期望值

C. 个人的抱负水平　　D. 个人容忍力

8. 压力可以分为(　)和(　)。

A. 内部压力　B. 一般压力　C. 外部压力　D. 特殊压力

9. 压力对大学生的影响,按程度可以分为3个层次,分别是(　　)。

A. 轻度压力　B. 中度压力　C. 重度压力　D. 高度压力

10. 大学生心理发展面临的压力有(　　)。

A. 学业的压力　　B. 人际关系的压力

C. 择业就业的压力　　D. 观念变革的压力

11. (　　)可能会让人产生压力。

A. 和陌生人打交道　　B. 进入新环境

C. 突然被安排的任务　　D. 期末考试

12. 下列哪些行为可以帮助有效减压?(　　)

A. 识别自己的压力状况　　B. 梳理自己的压力来源

C. 寻求社会支持　　D. 改变应对方式

13. (　　)属于挫折的应对表现。

A. 攻击　B. 退行　C. 合理化　D. 冷漠

14. 对待挫折的方法包括(　　　　)。

A. 正确看待挫折

B. 从挫折中积累经验、寻找成长的契机

C. 分析目标的可行性和实现途径的灵活性

D. 消解与宣泄情绪

15. 应对压力的防御机制包括(　　　　)。

A. 压抑　　B. 投射　　C. 冷漠　　D. 合理化

16. (　　　　)属于挫折的积极应对行为。

A. 升华　　B. 补偿　　C. 压抑　　D. 反向

17. (　　　　)是挫折的消极应对行为。

A. 攻击　　B. 冷漠　　C. 压抑　　D. 补偿

18. 怎么让压力更好地激励自己?(　　　　)

A. 把它看成自己生活的动力

B. 把它看成和同学之间正常交往的媒介

C. 把它看成一种机会和挑战,并不去逃避

D. 给自己定下一个合理的目标

19. 大学生怎么面对挫折?(　　　　)

A. 正确面对挫折,不恐惧

B. 乐观分析挫折产生的原因

C. 总结挫折中的教训并改正

D. 合理运用压力给自己的动力,做好一切

三、判断题

1. 压力对人的身心有害。(　　)
2. 适当的压力可以促使人们积极应对环境的挑战,促进人的身心健康。(　　)
3. 每个人对于挫折的适应能力不同。(　　)
4. 过度的压力会影响人的身心健康。(　　)
5. 抱负水平高的人比抱负水平低的人更容易产生挫折感。(　　)
6. 每个人都有可能会遇到挫折。(　　)
7. 挫折反应是指对挫折情境的知觉、认识和评价。(　　)
8. 挫折具有普遍性、两面性和暂时性。(　　)
9. 考试挂科是一种挫折情境。(　　)
10. 父母期望过高是一种内部压力。(　　)
11. 压力都是坏的。(　　)
12. 同一个人对压力的感受不会发生变化。(　　)
13. 升华是一种积极的应对挫折的方式。(　　)

学、思、践、悟

第十一章 让"网"事随风而去
——大学生网络成瘾

学习目标

通过学习理解网络成瘾的成因和影响,掌握应对策略,建立和维护健康的心理状态。同时,将理论知识应用于实际生活中,提高自我管理能力,培养积极的生活态度和价值观。

学习内容

一、网络与大学生生活

(一) 互联网的特性

互联网作为现代信息社会的重要组成部分,具有以下显著特性。

1. 开放性

互联网是一个开放的平台,用户可以自由访问和分享信息,不受地域和时间的限制。

2. 虚拟性

网络空间是一个虚拟环境,用户可以通过匿名或化名的方式进行交流和活动,这为个人隐私保护提供了便利,同时也带来了一定的道德风险。

3. 迅捷性

互联网的传播速度极快,信息可以在瞬间传遍全球,极大地提高了信息交流的效率。

4. 互动性

互联网提供了丰富的互动方式,用户不仅可以接收信息,还可以主动发布信息,进行实时交流和反馈。

(二) 大学生网络使用类型

大学生作为互联网的主要用户群体，其网络使用类型多样，主要包括4个类型。

1. 学习研究

利用网络资源进行学术研究、资料查询和在线学习。

2. 社交互动

通过社交媒体平台与朋友交流，建立和维护人际关系。

3. 娱乐休闲

观看视频、听音乐、玩游戏等，满足休闲娱乐需求。

4. 电子商务

进行在线购物、支付等经济活动，享受便捷的生活服务。

(三) 网络对大学生的影响

网络对大学生的影响是多方面的，既有积极的影响，也有潜在的消极影响。

1. 积极影响

(1) 获取知识资源：互联网提供了海量的学习资料和学术资源，有助于大学生扩展知识视野。

(2) 提高信息素养：通过网络学习和实践，大学生可以提高信息检索、分析和应用的能力。

(3) 促进交流合作：网络平台为大学生提供了与世界各地不同的人交流和合作的机会。

(4) 增强社会参与：大学生可以通过网络参与社会活动，表达观点，提高社会责任感。

2. 消极影响

(1) 时间管理困难：过度使用网络可能导致时间管理问题，影响学习和生活。

(2) 隐私泄露风险：网络环境中个人信息保护不当，可能导致隐私泄露。

(3) 网络依赖增加：过度依赖网络获取信息和社交，可能削弱现实交往能力。

(4) 网络成瘾问题：长时间沉迷网络可能导致网络成瘾，影响身心健康。

二、大学生网络成瘾现象分析

(一) 网络成瘾概述

网络成瘾是指个体对互联网使用产生过度依赖，难以自控，并对日常生活造成负面影响的现象。

（二）网络成瘾诊断标准

网络成瘾是大学生群体中备受关注的心理问题。其诊断标准主要包括：个体沉迷于网络，导致学业、工作和社交受不良影响；随着时间的推移，个体对上网时间的需求不断增加，形成耐受性；个体对网络产生心理依赖，用以应对压力、提升自我价值和逃避现实生活中的问题；在减少或停止上网时，会出现焦虑、烦躁或抑郁等戒断症状。这些症状持续时间通常超过几个月，即使认识到负面后果，个体仍不受控制继续上网。专业的心理健康服务提供者会综合评估这些症状，以准确诊断网络成瘾。

（三）网络成瘾的类型

网络成瘾的类型如图 11-1 所示。

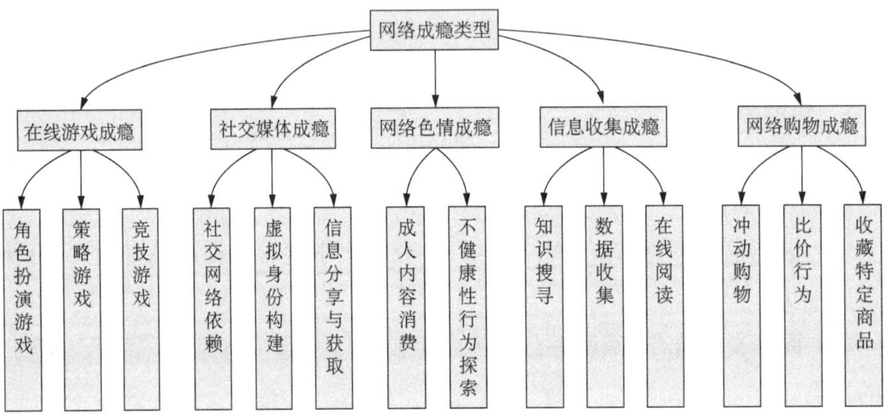

图 11-1　网络成瘾的类型

（四）网络成瘾的原因

网络成瘾的原因见表 11-1。

表 11-1　网络成瘾的原因

类别	原因描述
心理因素	寻求刺激、缓解压力、满足社交需求等
社会因素	同伴影响、缺乏社会支持、社会竞争压力等
个体因素	自控能力差、性格特征、生活事件等

（五）网络成瘾的危害

网络成瘾的危害见表 11-2。

表 11-2 网络成瘾的危害

危害分类	具体表现
影响学业	分散注意力，降低学习效率
损害健康	长时间久坐，缺乏运动，导致产生身体问题
社交障碍	现实社交能力下降，人际关系疏远
心理问题	焦虑、抑郁、自我价值感下降等

三、大学生网络成瘾的预防与戒除

（一）正确认识网络

大学生需要建立对网络的健康认识，这是预防网络成瘾的第一步。这意味着理解网络是一个工具，它既有积极的一面，比如提供信息、教育资源和交流平台；也有潜在的风险，如成瘾和隐私问题。大学生应该学会平衡网络的使用，以确保它成为学习和生活的助力而非负担。

（二）控制上网行为

控制上网行为是预防网络成瘾的关键。这包括设定合理的上网时间，避免在学习和睡眠时间过度使用网络。大学生可以通过时间管理技巧，如使用应用程序监控上网时间，或者设定特定的“无网络”时间段，来帮助自己遵守上网计划。

（三）投入现实生活

积极参与现实生活的活动对于预防网络成瘾至关重要。大学生应该投身于各种课外活动、社团和体育运动。这些活动不仅能够提供丰富的社交机会，还能帮助大学生发展个人兴趣和技能，从而减少对网络的依赖。

（四）寻求他人帮助

当大学生意识到自己可能面临网络成瘾的风险时，寻求他人的帮助也是一条途径。这可能包括与家人、朋友或辅导员进行坦诚的对话，或者寻求专业的心理咨询。通过分享自己的担忧和面临的挑战，大学生可以获得支持和指导，克服网络成瘾，重返健康的生活方式。

生活中的心理学

一、当你发现自己沉迷于短视频，一刷手机就停不下来，该怎么办呢？

从心理学角度来看，沉迷于短视频是一种成瘾行为，这种成瘾行为是由于个体在寻求愉悦和满足感时，过度依赖短视频所带来的即时快感和奖励。当个体无法控制自己的行为，导致一刷手机就停不下来时，就需要采取一些有效的措施来应对。

首先，个体需要认识到自己的行为已经构成了成瘾，这需要一定的自我觉察和反思能力。只有认识到问题的严重性，才能够主动采取措施来改变自己的行为。

其次，个体可以采用一些简单的方法来控制自己的行为，如设定时间限制、关闭通知推送、寻找替代行为等。这些方法可以帮助个体逐渐摆脱对短视频的依赖，并培养自我控制和自我管理的能力。

最后，如果个体无法自我控制，就需要寻求专业人士的帮助，如心理治疗、认知行为疗法等。专业人士可以帮助个体深入了解自己的成瘾行为，并提供有效的应对策略和方法，以帮助个体克服不良的行为习惯。

总之，克服短视频成瘾需要个体自身的努力和专业人士的帮助。通过自我觉察、自我控制和专业治疗等方式，个体可以逐渐摆脱这种不良的行为习惯，恢复健康的生活方式。

二、感觉手机里都是有用的信息，但是怎么都看不完，好焦虑，该怎么办？

信息过载，即个体接收到的信息超过其处理能力，可能导致心理压力和心理健康问题。对于这种情况，可以采取以下措施。

第一，减少信息摄入。筛选出真正重要的信息，减少过多、过杂的信息摄入。可以使用RSS(Really Simple Syndication，简单信息聚合)订阅、精选阅读等方式来获取关键信息。

第二，培养信息管理能力。学习并实践时间管理和信息管理技巧，如番茄工作法、GTD(Getting Things Done，把需要做的事情处理好)等，帮助高效处理和组织信息。

第三，增强心理韧性。通过心理训练和自我调节，增强面对信息过载的心理承受力，减少由此产生的焦虑、压力等。

第四，建立外部支持系统。与亲朋好友分享自己的感受，寻求他们的理解和支持，能有效减轻信息过载带来的心理压力。

第五，定期清理和反思。定期对自己接收和储存的信息进行清理，同时定期反思自己的信息消费习惯，不断完善和调整。

第六，寻求专业心理咨询。如感到无法自行应对信息过载问题，寻求专业心理咨询是一个明智的选择。

综上所述，面对信息过载问题，我们可以从多个维度来采取措施，从而更好地应对这一挑战。

三、网上充斥谩骂与谣言，怎样面对网络负面评价？

当我们面对网络上无端而恶毒的言论攻击时，心理理论提供了深入且实用的应对策略。要明确这些攻击通常并非针对个人，而是攻击者自身情绪和心理问题的投射。

从心理学的角度来看，负面言论和行为之所以给人留下深刻印象，是因为“情绪聚焦效应”的作用。这意味着当我们遭受攻击时，这些言论可能会像刺一样扎进心里，难以忘却。此外，“自我验证理论”进一步指出，人们往往倾向于寻找与自己观点相符的信息。这可能导致受害者过度解读这些攻击言论，对自己的价值产生怀疑。

为了有效应对这种心理压力，我们可以采取一系列策略。首先，通过认知重构转变自己对攻击言论的看法。明白这些言论并不是对个人价值的客观评价，而只是攻击者自身心理问题的反映。为了调节受到的冲击，我们可以借助放松训练、冥想或深呼吸等技巧，使自己的情绪回归平静。

其次，社会支持系统也至关重要。与亲朋好友分享自己的遭遇，不仅可以在情感上得到慰藉，还可以从他们的反馈中获得新的视角和观点。通过与他人交流，我们可以获得理解和共鸣，从而减轻负面情绪的影响。

最后，我们还可以运用一些心理策略来应对网络攻击。例如，学会自我调节情绪，通过积极的思维和行为来改变自己的情绪状态。强化自我价值感也很重要，认识到自己的价值和能力并不取决于网络上的言论。同时，保持冷静和理智也是应对网络攻击的关键。

综上所述，结合心理理论和专业的应对方法，我们可以更好地应对网络上的不友善言论，保护自己的心理健康。当我们了解这些攻击背后的心理机制，并学会如何调整自己的心态和应对方式，适当使用法律保护自己，我们便能在网络世界中保持坚强和自信。

四、在网络上发现别人都比自己好，导致自卑和焦虑，该怎么办呢？

首先，要意识到社交媒体上的信息并不代表现实生活。社交媒体上呈现的生活常常经过筛选和美化，并不能反映真实的生活面貌。所以，不要过度相信社交媒体上的信息，更不要将其作为衡量自己价值的标准。

其次，要培养自我意识和自我接纳。要了解自己的优点和不足，并接受自己的独特性。不要将自己与他人进行不必要的比较，而是要关注自己的成长和进步，培养积极的思维模式，学会肯定自己的成就和价值。

再次，要设定合理的社交媒体使用时间。给自己设定一个时间限制，如每天只使用1小时社交媒体。时间限制可以帮助你控制自己的使用习惯，减少过度比较和焦虑的可能性。

除此之外，要参与现实生活中的活动，拓展现实世界的人际关系。与他人面对面交流，建立真实的联系和互动，这样可以减少对虚拟社交媒体的依赖，增强现实世界的社交支持系统。

最后，如果自卑和焦虑严重影响到日常生活和工作，建议寻求专业心理咨询师的帮助。心理咨询师可以提供个性化的指导和支持，帮助你应对这些问题。

总之，解决社交媒体导致的自卑和焦虑问题需要从多个方面入手。调整心态、控制使用时间、拓展现实世界的人际关系以及寻求专业帮助都是有效的应对策略。关注自己的内心需求和成长，建立健康的自我认同是克服这些问题的关键。

五、在虚拟世界里投入过多，现实中的人际关系却变得疏远，该怎么办呢？

导致这个问题可能的原因如下。

一是自我认同的改变。在虚拟世界中，人们可能会找到在现实世界中无法获得的满足感和认同感。这可能导致他们对现实世界的角色和关系感到不满或失望，进一步影响他们在现实世界中的人际关系。

二是社交焦虑与回避。过度依赖虚拟世界可能是一种逃避现实世界中人际交往的策略。如果个体在现实人际交往中经历过挫折或伤害，他们可能会选择在虚拟世界中寻求庇护，以避免现实的社交焦虑。

三是沟通与互动的缺失。虚拟世界中的互动通常缺乏现实世界中的非语言线索，如面部表情、肢体动作等。这可能导致人们在虚拟世界中难以建立真实的人际关系，进一步影响他们在现实世界中的社交能力。

针对上述情况，有如下应对措施。

第一，设定时间限制。限制在虚拟世界中的时间，增加现实世界中的社交活动。逐渐减少在虚拟世界中的时间，可以帮助个体重新建立对现实世界的兴趣和投入。

第二，提高现实世界的社交技能。通过参加社交活动、学习有效的沟通技巧、增加面对面交流的机会，提高个体在现实世界中的人际交往能力。

第三，心理干预。如果过度投入虚拟世界影响到个体的日常生活和人际关系，可能需要寻求专业的心理咨询或治疗。

综上所述，要找到虚拟与现实之间的平衡，以促进个人人际关系的健康发展。

六、觉得自己的思维和语言受到了网络流行文化的负面影响，该怎么办呢？

为了避免网络流行文化对自己产生过多的负面影响，你可以考虑从以下5个方面改变自己。

第一，提高媒介素养。了解网络流行文化的产生背景和传播机制，增强对不良信息的辨别能力。

第二，强化自我意识。在接触网络流行文化时，保持清醒的自我意识，警惕自己受到过度影响。

第三，培养批判性思维。学会独立思考，不盲目跟从网络流行文化，对其中的观点保持审慎态度。

第四，丰富文化生活。多读书、多了解优秀传统文化和现代文化，厚植文化底蕴。

第五，适当控制上网时间。避免长时间沉浸在网络流行文化中，合理安排时间，保持身心健康。

总之，面对网络流行文化的影响，我们需要保持警觉，同时采取有效措施来应对负面影响。通过提高媒介素养、强化自我意识、培养批判性思维、丰富文化生活和适当控制上网时间等方法，可以有效地减少网络流行文化对自己思维和语言的负面影响。

实践活动

学术启蒙

见不善而不能退，退而不能远，过也。

——《大学》

这句话的意思是，当面对不良行为时，如果不能及时远离，甚至继续接近，那么就是错误的行为。在网络成瘾的情境下，这句话可以解释为大学生在面对网络的诱惑时，如果不能及时远离网络，反而沉迷其中，无法自拔，那么这种行为就是一种错误。这句话也可以用来警示大学生在网络使用过程中，要保持警惕，避免沉迷网络，否则将难以自拔，最终导致学业和生活的失败。

一、网络成瘾自我筛查与反思

网络成瘾自我筛查问卷

基本信息

1. 姓名（非必填项）：
2. 性别：
3. 年龄：
4. 每周上网总小时数：

筛查问题

5. 我发现自己花费在网络上的时间比预期的多。
从不（1分） 很少（2分） 有时（3分） 经常（4分） 总是（5分）
6. 我试图减少上网时间，但很快又回到原来的状态。
从不（1分） 很少（2分） 有时（3分） 经常（4分） 总是（5分）
7. 我因为上网而忽视了工作/学习或其他任务。
从不（1分） 很少（2分） 有时（3分） 经常（4分） 总是（5分）
8. 我通过上网来逃避现实生活中的问题或缓解不良情绪。
从不（1分） 很少（2分） 有时（3分） 经常（4分） 总是（5分）
9. 我因为上网而牺牲了睡眠、饮食或个人卫生。
从不（1分） 很少（2分） 有时（3分） 经常（4分） 总是（5分）
10. 我发现自己在无法上网时感到焦虑或烦躁。
从不（1分） 很少（2分） 有时（3分） 经常（4分） 总是（5分）
11. 我因为上网而与朋友或家人产生冲突。
从不（1分） 很少（2分） 有时（3分） 经常（4分）

总是(5 分)

12. 我对自己上网的时间长感到内疚或羞愧。

从不(1 分)　　很少(2 分)　　有时(3 分)　　经常(4 分)

总是(5 分)

13. 我因为上网而错过了重要的社交活动或工作/学习机会。

从不(1 分)　　很少(2 分)　　有时(3 分)　　经常(4 分)

总是(5 分)

得分计算

将所有问题的回答分数相加得到总分。

结果解析

0～15 分:低风险,您的网络使用在正常范围内。

16～30 分:中等风险,您可能存在一定程度的网络依赖,建议审视自己的网络使用习惯。

31～45 分:高风险,您可能存在网络成瘾问题,建议寻求专业帮助或咨询。

二、断网挑战体验营

1. 活动目的

亲身体验没有网络的生活状态,加深对网络成瘾影响的认识,培养自我控制和时间管理能力。

2. 活动流程

(1) 宣传与报名(提前一周)。

利用校园网、社交媒体、公告板发布活动信息,说明活动的目的、流程、规则以及奖品。设立报名点,接受学生的现场报名和线上报名。

(2) 挑战准备(活动前三天)。

确认参与者名单,并向参与者发送活动规则和准备事项。组织一次简短的说明会,讲解挑战的具体要求和注意事项。提醒参与者在挑战期间避免使用任何网络设备,包括手机、电脑等。

(3) 实施挑战(活动当天)。

从早上 8 点到第二天早上 8 点,共 24 小时。参与者须关闭所有网络设备,或将设备交给活动组织方保管。活动组织方提供必要的支持和监督。

(4) 分享体验(挑战结束后)。

安排一个分享会,邀请所有参与者分享他们的体验和感受。准备茶点,营造轻松的交流氛围。每位参与者有 3～5 分钟时间来分享自己的体验。

(5) 总结讨论(分享会后)。

教师或活动主持人总结参与者的分享,引导学生讨论网络成瘾对个人生活的影响,探讨如何培养健康的网络使用习惯和制订自我控制策略。

三、健康上网工作坊

1. 活动目的

加深对网络成瘾的认识，明确如何健康、合理地使用网络，制订并承诺遵守健康上网的计划。

2. 活动流程

(1) 知识讲解。教师介绍网络成瘾的定义、症状、危害及预防策略，展示相关数据和案例，增强学生的现实感知。

(2) 分组讨论。学生分成4～5人的小组，每组讨论网络成瘾案例的成因和预防措施，每组选出一名代表，准备汇报讨论成果。

(3) 制订计划。各组根据讨论结果，制订一个健康上网的计划。计划应包括上网时间管理、内容选择、应对策略等。

(4) 展示分享。每组轮流向全班展示自己的健康上网计划，其他组提出评价和建议，教师给予点评。

(5) 行动承诺。学生阅读并签署健康上网承诺书，承诺书内容包括自我约束、定期自评、遵守网络道德等。

(6) 活动总结。教师总结活动要点，强调健康上网的重要性。

习题演练

一、单选题

1. 下列哪项是互联网最根本的特性？(　　)

A. 开放性　　B. 自由性　　C. 隐私性　　D. 趣味性

2. 大学生网络使用的类型不包含(　　)。

A. 体验型　　B. 满足型

C. 消费型　　D. 逃避型

3. 网络成瘾的主要表现不包括(　　)。

A. 会复发　　B. 心境改变

C. 渴求依赖网络　　D. 花钱太多

4. 5种常见的网络成瘾类型不包含(　　)。

A. 网络游戏成瘾　　B. 网络交易成瘾

C. 网络交际成瘾　　D. 网络学习成瘾

5. 大学生网络成瘾的原因不包括(　　)。

A. 互联网的吸引力　　B. 大学生的个性特征

C. 社会环境因素　　D. 经济因素

6. 网络过度使用者往往不存在下列哪种人格特点？(　　)

A. 喜欢独处，敏感　　B. 倾向于使用抽象思维
C. 不服从社会规范　　D. 自尊心强

7. 大学生网络成瘾的危害不包括(　　)。
A. 荒废学业　　B. 激化矛盾
C. 疏远情感　　D. 学习知识

8. 电脑健忘症的症状不包括(　　)。
A. 过分依赖电脑　　B. 脑功能减弱
C. 健忘，思维迟钝　　D. 记忆力增强

9. 腕管综合症的症状不包括(　　)。
A. 手指手掌发麻　　B. 手腕前臂胀痛
C. 头晕　　D. 呼吸不畅，胸闷

10. 电脑失写症的症状不包括(　　)。
A. 难处理人际关系　　B. 难体谅别人
C. 经常无所适从　　D. 心理健康

11. 控制上网行为的方法不包括(　　)。
A. 明确上网目标　　B. 把电脑扔掉
C. 限制上网内容　　D. 控制上网时间

12. 引起大学生网络成瘾的最主要原因是(　　)。
A. 缺乏自我控制能力　　B. 社交需求
C. 逃避现实压力　　D. 学校管理不严

13. 长时间使用社交媒体会对大学生产生什么影响？(　　)
A. 对身体健康有益　　B. 对心理健康造成影响
C. 学习成绩提高　　D. 人际关系变好

14. 大学生网络成瘾常表现为(　　)。
A. 每天使用电子设备的时长增加　　B. 出现戒断症状，如焦虑、抑郁等
C. 对现实生活失去兴趣　　D. 以上都是

15. 下列哪项不是大学生网络成瘾的后果？(　　)
A. 学业成绩下降　　B. 人际关系疏远
C. 身体健康状况恶化　　D. 增加网购行为

16. 解决大学生网络成瘾的关键是(　　)。
A. 加强网络监管　　B. 提高自我管理能力
C. 寻求心理辅导　　D. 限制使用电子设备时间

17. 大学生网络成瘾会影响什么？(　　)
A. 精神状态和情绪稳定性　　B. 睡眠质量和生物钟调节
C. 身体锻炼和体育运动参与度　　D. 以上都是

18. 下列哪项措施对预防大学生网络成瘾最有效?( )

A. 加强网络教育和监管力度

B. 限制学生使用电子设备的时间和频率

C. 提供心理咨询和心理辅导服务

D. 提高学生的学习成绩和自我管理能力

19. 导致大学生网络成瘾的原因是( )。

A. 逃避现实压力和焦虑情绪　　B. 追求新鲜刺激和快感体验

C. 社交能力弱和人际关系疏离　　D. 以上都是

20. 如何有效控制大学生网络成瘾?( )

A. 不使用任何电子设备

B. 完全依赖外部监管和控制措施

C. 提高自我管理和控制能力,合理安排时间,平衡学习和休闲活动,寻求专业帮助和支持

D. 以上都不是正确答案

21. 网络成瘾对大学生心理的负面影响不包括( )。

A. 焦虑、抑郁等情绪问题

B. 自尊心和自信心下降,自卑感增强

C. 社交恐惧和人际关系疏离

D. 促进创造力发挥

22. 网络成瘾的大学生中,多数会表现出( )。

A. 自控能力差　　B. 社交能力差

C. 缺乏自信心　　D. 自我评价低

23. 网瘾对大学生的心理健康有何影响?( )

A. 增加焦虑和抑郁情绪　　B. 降低自尊心和自信心

C. 提高社交能力和改善人际关系　　D. 减少睡眠和饮食问题

24. 如何评估大学生是否患有网瘾?( )

A. 根据上网时间和频率来判断

B. 通过心理测试和评估工具进行评估

C. 观察大学生的日常生活和表现

D. 询问大学生的自我报告和家庭成员的意见

25. 大学生有网瘾的长期后果是什么?( )

A. 提高学习成绩和增加职业发展机会

B. 增加产生心理问题和精神疾病的风险

C. 促进社交能力和人际关系的发展

D. 促进身体健康和减少医疗费用

二、多选题

1. 互联网包含哪些特性？（　　　　）

A. 开放性　　B. 虚拟性　　C. 迅捷性　　D. 互动性

2. 网络包含哪些传播方式？（　　　　）

A. 一对一　　B. 一对多　　C. 多对一　　D. 多对多

3. 大学生上网的心理包含下列哪些类型？（　　　　）

A. 满足型　　B. 体验型　　C. 宣泄型　　D. 超越型

4. 网络对大学生的积极影响包括（　　　　）。

A. 丰富内涵，完善自我　　B. 塑造思维方式

C. 提供情感宣泄场所　　D. 提供消费场地

5. 网络成瘾的主要特征包括（　　　　）。

A. 突显性　　B. 耐受性

C. 戒断性　　D. 冲突性

6. 网络的使用情况可以分成（　　　　）。

A. 网络正常使用　　B. 网络过度使用

C. 网络成瘾　　D. 网络消费过高

7. 大学生网络成瘾的原因包括（　　　　）。

A. 互联网的吸引力是外因　　B. 大学生的个性特征因素是内因

C. 人的心理需要和欲望是动力　　D. 社会环境因素是助因

8. 具备以下哪些特殊人格特征的人容易网络成瘾？（　　　　）

A. 低自尊者　　B. 经常被他人拒绝或否定者

C. 对生活感到不满足者　　D. 生活非常幸福的人

9. 网络过度使用者往往具有（　　　　）的人格特点。

A. 喜欢独处，敏感　　B. 倾向于使用抽象思维

C. 警觉　　D. 不遵循社会规范

10. 大学生网络成瘾的危害包括（　　　　）。

A. 腐蚀灵魂　　B. 荒废学业

C. 激化矛盾　　D. 危害健康

11. 长时间无节制的上网可能会导致下列哪些结果？（　　　　）

A. 青光眼、肺病变、中枢神经失调　　B. 生物钟紊乱

C. 睡眠障碍　　D. 食欲下降

12. 网络成瘾引发的电脑眼病症状包括（　　　　）。

A. 视力模糊　　B. 视力下降

C. 眼睛干涩疼痛　　D. 视力变好

13. 电脑躁狂症的症状包括（　　　　）。

A. 喜欢用电脑
B. 感觉心情烦躁
C. 精神紧张
D. 诱发癫痫

14. 肩颈综合症包括(　　　　)。

A. 颈部转动不灵活
B. 肩部酸痛
C. 肩周炎
D. 脊椎疼痛

15. 鼠标手的症状包括(　　　　)。

A. 手部麻木灼痛
B. 手抖
C. 影响手做精细工作的功能
D. 手肿

16. 高科技办公室病的症状包括(　　　　)。

A. 莫名其妙的烦躁
B. 做事无精打采
C. 耳鸣,耳膜受损
D. 思维迟钝,爱钻牛角尖

17. 疲劳综合症的症状包括(　　　　)。

A. 四肢无力
B. 疲劳麻木
C. 精神振奋
D. 精神萎靡

18. 戒除网瘾的方法包括(　　　　)。

A. 明确上网目标
B. 限制上网内容
C. 控制上网时间
D. 让他人来监督自己

19. 投入现实生活是一种不错的戒网瘾手段,具体包括(　　　　)。

A. 参与社会实践
B. 寻求替代爱好
C. 用手机进行聊天
D. 在网上多搜索一些好玩的事情

20. 关于网络成瘾,下列哪些陈述是正确的?(　　　　)

A. 网络成瘾是一种心理疾病
B. 网络成瘾可以通过药物治疗
C. 网络成瘾会对个体的日常生活产生负面影响
D. 网络成瘾是个体过度使用互联网导致的

三、判断题

1. 我们现在已经进入了互联网时代。(　　)
2. 网络中每个用户都是平等的。(　　)
3. 网络对大学生没什么积极影响。(　　)
4. 互联网时代的大学生比传统时代的大学生从整体上来说眼界要开阔些,思想开放些。(　　)
5. 互联网影响了大学生的思维方式。(　　)
6. 大学生网民很少在网上进行情感表达。(　　)
7. 网络世界可能造成大学生道德缺失和行为失范。(　　)
8. 平均每日连续使用网络时间达到或超过 4 个小时,且有网瘾症状已达到或超

过 3 个月，就算是网络成瘾。（ ）

9. 网络游戏成瘾是目前最严重的网络成瘾类型。（ ）

10. 反复且长时间地上网属于网络使用过度。（ ）

11. 网络成瘾会造成明显的个体社会功能受损。（ ）

12. 网络过度使用会使个体社会功能明显受损。（ ）

13. 网络色情成瘾是指沉迷于网络上的各种色情内容，包括图像、文字、电影、动画、色情聊天等。（ ）

14. 网络信息成瘾是指成瘾者经常强迫性地从网上收集无用的、无关紧要的或者不被迫切需要的信息。（ ）

15. 网络交易成瘾是指过分沉迷于网络购物和拍卖等活动。（ ）

学、思、践、悟

第十二章

让生命尽情绽放

——大学生生命教育与心理危机干预

学习目标

通过学习了解生命教育的意义与目标，掌握心理危机的识别与干预方法；意识到心理健康对个人成长的重要性，学会调整自我情绪，建立积极心态。同时，培养关爱生命、尊重他人的良好品质，为促进自身与他人的心理健康和构建和谐校园与和谐社会打下坚实基础。此外，还需认识到生命教育与心理危机干预的紧迫性，提高心理危机的防范意识与应对能力，以更好地应对大学生活与未来社会的挑战。

学习内容

一、大学生生命教育概述

（一）生命的内涵

人的生命是自然属性与社会属性的统一体，意味着我们既要关注个体的生物学特征，也要关注其在社会中的角色和责任。同时，人的生命是自然生命与价值生命的统一体，这表明我们不仅要关注生命的自然延续，还要重视个体追求价值和意义的过程。生命教育是大学生全面发展的重要组成部分，它强调对生命价值的尊重和理解。

（二）生命的特征

1. 完整性

生命是一个整体，包括身体、心理和社会层面的完整和谐。

2. 自主性

生命个体具有自主选择和决定自己发展方向的能力。

3. 超越性

生命个体能够超越物质条件的限制，追求更高层次的精神满足。

4. 独特性

每个生命个体都有其独特的价值和意义，不可替代。

(三) 生命的意义

生命的意义是一个深刻而复杂的哲学主题。大学生在追问生命意义的过程中，可以通过自我探索、学习、实践和反思来逐步构建自己的生命观。

二、生命的警戒

(一) 认识自杀

1. 自杀的危害

自杀不仅会对个体造成不可逆转的损失，也会给家庭和社会带来深远的影响。

2. 自杀的分类

可以按照动机、方式、原因等不同标准对自杀进行分类。

3. 自杀的过程

自杀通常包括自杀意念、计划、行为等阶段。

(二) 自杀的原因

1. 极度缺乏安全感

感到生命受到威胁或无法控制。

2. 失去社会归属感

感到孤立无援，缺乏社会支持。

3. 不堪忍受身心痛苦

长期承受身体或心理的痛苦。

4. 自我价值危机

对自我价值和存在的意义感到怀疑。

5. 假性自杀

并非真正想要结束生命，而是出于其他目的而做出自杀的举动。

(三) 自杀的预防

1. 自杀的自我预防

提高自我意识,学习应对心理问题的策略。

2. 他人自杀的预防

关注周围人的变化,提供支持和帮助。

(四) 自杀的干预

1. 询问

勇敢地询问个体是否有自杀念头。

2. 劝说

提供情感支持,鼓励个体寻求帮助。

3. 求助

引导个体寻求专业的心理咨询或医疗援助。

三、大学生心理危机与干预

(一) 什么是心理危机

心理危机是指个体在面对重大生活事件或压力时,感到难以应对,导致心理功能受损的状态。

(二) 心理危机的分类

1. 发展性危机

发展性危机是指与个体成长发展阶段相关的挑战。

2. 境遇性危机

境遇性危机是指由特定环境或事件引起的危机。

3. 存在性危机

存在性危机是指因关于生命意义和价值的深层次探索而引发的危机。

4. 障碍性危机

障碍性危机是指由于心理障碍或疾病导致的危机。

(三) 心理危机的主要表现

心理危机的主要表现见表 12-1。

表 12-1 心理危机的主要表现

主要表现	描述
情绪波动	个体可能会经历剧烈的情绪波动，如焦虑、恐惧、悲伤、愤怒等，难以控制且持续时间较长
认知功能受损	注意力不集中、记忆力下降、思维混乱或判断力减弱
行为改变	可能过度活跃或减少社交活动，出现冲动行为或自我隔离
社会功能下降	工作或学习效率下降，人际关系紧张
自我价值感下降	对自己的价值和能力产生怀疑，感到自己无足轻重或不值得被爱
自我伤害行为	如割伤自己或服用过量药物
睡眠问题	失眠、多梦、早醒或过度睡眠
食欲改变	食欲减退或暴饮暴食，影响身体健康
逃避现实	通过沉迷网络、游戏、酒精或药物来逃避现实
对未来感到绝望	认为没有好转的可能，绝望感可能加剧心理问题
自杀念头	一旦产生自杀的念头，就需要立即关注和干预
身体症状	如头痛、胃痛、胸闷等，与心理压力有关

(四) 产生心理危机的过程

1. 冲击阶段

个体初次面对危机，感到震惊和困惑。

2. 防御阶段

个体采取各种方式来应对和防御危机。

3. 解决阶段

个体开始寻找解决问题的方法和途径。

4. 成长阶段

通过危机，个体获得成长和新的自我认识。

(五) 产生心理危机的原因

1. 认知偏差

错误的思维模式导致对现实的扭曲理解。

2. 情感障碍

情绪问题影响个体的心理状态和行为。

3. 意志薄弱

缺乏面对困难和挑战的决心和勇气。

4. 行为偏向

不当的行为习惯加剧心理危机。

(六) 心理危机的应对

1. 寻求滋养的环境

创造一个支持和理解自己的环境。

2. 积极调整情绪

学习情绪管理技巧，保持情绪稳定。

3. 建立良好的人际关系

与他人建立积极健康的互动。

4. 暂时避免作出重大决定

在心理状态不稳定时，避免作出重要决策。

5. 及时向心理咨询人员求助

寻求专业的心理援助和指导。

(七) 突发公共事件的心理健康防护

突发公共事件，如自然灾害、公共卫生事件、恐怖袭击等，往往会对人们的心理健康造成严重影响。这些事件不仅威胁到人们的生命安全，还可能引发一系列的心理问题，包括创伤后应激障碍(post-traumatic stress disorder，PTSD)、焦虑、抑郁等。因此，对突发公共事件的心理健康防护至关重要。有效的心理健康防护应包括以下 6 个方面。

1. 增强心理韧性

心理韧性是指个体在面对压力和挑战时保持积极态度和适应能力。通过培养乐观的心态、提高解决问题的能力、加强自我效能感等方法，个体可以增强心理韧性。

2. 学习应对策略

在突发公共事件发生时，个体需要掌握有效的应对策略，如深呼吸、放松训练、正念、冥想等，以帮助自己保持冷静和清晰的思维。

3. 建立社会支持网络

社会支持网络是心理健康的重要保护因素。在危急时期，与老师、家人、朋友和同学保持联系，可以互相提供情感支持和实际帮助。

4. 获取准确信息

在信息爆炸的时代，获取准确可靠的信息至关重要。要避免接收过多的负面信息，关注官方渠道发布的信息，以减少恐慌和焦虑。

5. 保持正常生活节奏

尽可能维持正常的作息时间和生活习惯，如规律饮食、适量运动、保证充足睡眠等，有助于减轻心理压力。

6. 专业心理援助

在必要时，寻求专业的心理援助是非常重要的。专业心理咨询师可以提供心理评估、心理治疗和危机干预等服务。

生活中的心理学

一、你知道生命教育是什么吗？为什么大学生得接受生命教育？

生命教育旨在引导大学生正确认识生命、珍惜生命、尊重生命和热爱生命，从而培养大学生树立健康的生命观。大学生处于世界观、人生观、价值观形成的关键时期，他们的生命观念将对社会产生重要影响。然而，受社会环境、家庭教育等多种因素的影响，部分大学生存在生命意识淡薄、生活态度消极等问题，甚至出现轻生、校园暴力等极端行为。因此，高校作为人才培养的重要基地，应加强大学生的生命教育。

马斯洛的需求层次理论认为人类有追求自我实现的需求，而生命教育正能满足大学生对于自我成长和自我实现的需求。通过生命教育，大学生能够更好地理解生命的价值和意义，学会积极面对生活中的挑战和困难，增强自我认同感和自尊心，提升生命质量。

大学生作为社会未来的中坚力量，他们的行为和态度将对社会产生影响。通过生命教育，大学生能够学会尊重他人、关爱他人，形成良好的人际关系和树立社会责任感。

因此，开展生命教育对于大学生而言至关重要，这不仅能够帮助他们珍惜生命、树立健康的生命观，还能够为社会培养出更多具有责任感和人文关怀的人才。

二、心里难受、想不开的时候，怎么判断自己是否遇到心理危机？有什么办法能预防吗？

当个体面临重大生活压力或突发事件，感到无法应对或心理失衡，出现明显的心理困扰和情绪失调，则可视为处于心理危机之中。这种情况下，个体的情绪状态往往极其消极，诸如绝望、焦虑、抑郁等负面情绪会占据上风，甚至可能影响到其日常生活、工作和社交。这种危机情况可能导致个体行为变得异常，思维混乱，严重时甚至可能有自杀倾向。

为了预防心理危机的发生，个体应养成健康的生活习惯，保持良好的作息和饮食习惯。参与社交活动，多与亲朋好友沟通交流，分享内心的感受和压力，也是非常有效的预防措施。同时，寻求专业的心理咨询或治疗也是应对心理危机的途径。心理咨询师会通过专业的技能和方法，帮助个体深入了解自己的心理状态，找到问题的根源，并提供有效的应对策略。

值得注意的是，面对心理危机时，不应过于自责或羞于寻求帮助。寻求专业心理咨询并非弱者的表现，而是勇敢面对困境、积极寻求解决方法的表现。因此，在遇到心理危机时，个体应勇敢地寻求帮助，与专业人士合作，共同克服困境，恢复内心的平衡与健康。

三、心理危机干预是什么？怎样用它帮助有困难的同学呢？

心理危机干预是心理学的专业术语，它指的是在面对突发或重大生活事件时，个体可能出现心理失衡状态，针对这一状态采取的短期心理帮助措施。心理危机干预的目标是帮助个体重新获得和保持心理平衡，缓解情绪困扰，提高应对心理问题的能力。

对于有困难的同学进行心理危机干预的具体做法如下。

第一，提供情感支持。让他们感到被关心和理解，减少孤独感和无助感。

第二，促进问题解决。帮助他们分析问题，提出解决方案，提高应对困难的能力。

第三，提供信息。提供相关的知识和信息，帮助他们了解和处理所面临的问题。

第四，调整认知。帮助他们改变消极的思维方式，培养积极的心理品质。

第五，提供资源。帮助他们获得所需的资源，如心理咨询、医疗援助等。

通过这些措施，心理危机干预可以帮助有困难的同学缓解情绪困扰，提高应对心理危机的能力，促进心理平衡和恢复心理健康。同时，对于一些严重的心理危机情况，如自杀倾向等，心理危机干预也能起到及时发现和紧急处理的作用，防止情况恶化。

四、我怎样发现周围的同学需要心理帮助？他们可能会有哪些表现？

当我们想知道周围的同学是否需要心理帮助时，可以从以下 4 个方面观察他们的表现。

首先，情绪表现。如果同学经常情绪低落，或者情绪波动过大，或者持续地情绪亢奋，这些可能都是心理问题的表现。例如，抑郁症常常表现为长期的情绪低落，焦虑症可能表现为过度紧张和恐惧。

其次，行为变化。行为的改变也可能是产生心理问题的迹象。例如，如果同学开始避免社交活动，或者过度沉溺于社交媒体，或者出现自伤行为等，这些都可能是需要心理帮助的信号。

再次，身体健康状况。身体健康状况的改变有时候与心理问题相关。例如，持续的失眠、食欲或体重的明显变化，这些都可能与心理压力或情绪问题有关。

最后，思维和言语。如果同学的思维变得偏执或者消极，或者他们的话语中经常出现负面的主题，这也可能是他们需要心理帮助的迹象。

当我们发现同学有这些表现时，我们可以主动与他们沟通，询问他们的感受，提供支持和理解。如果情况严重，我们可以推荐他们寻求专业的心理咨询或治疗。每个人都可能有遇到心理困难的时候，帮助和支持是解决问题的关键。

五、遇到心理问题，去哪里能获得帮助？

大学生在遇到心理问题时，可以寻求以下五种专业帮助。

第一，大学心理咨询中心。几乎所有大学都设有心理咨询中心，提供专业的心理咨询和心理辅导。

第二，心理咨询专业人士。寻找持有专业证书的心理咨询师或心理医生，他们可以提供专业的指导和帮助。

第三，医院精神科。如果情况较为严重，可能需要寻求精神科医生的帮助，他们可以提供更深入的评估和治疗。

第四，校园社团和组织。一些校园社团和组织提供心理支持和互助，这是一个可以寻求情感支持和交流的平台。

第五，在线资源。一些与心理健康相关的APP和在线平台，可以提供自我学习和自我关心的资源。

如果大学生正面临心理困扰，不要犹豫，要及时寻求帮助。在寻求帮助的过程中，应保持开放和积极配合，以获得最佳的治疗效果。

实践活动

学术启蒙

有德此有人，有人此有土，有土此有财，有财此有用。

生财有大道：生之者众，食之者寡，为之者疾，用之者舒，则财恒足矣。仁者以财发身，不仁者以身发财。未有上好仁而下不好义者也；未有好义其事不终者也；未有府库财非其财者也。

——《大学》

以上内容探讨了德行、财富观、理想与生命价值、生命的意义之间的关联，为生命教育提供了深刻的理论基础，帮助人们理解生命的本质、价值和意义。人们要树立正确的价值观和人生目标，才可以更好地实现自我完善，找到生命的意义，从而促进个体和社会的全面发展。

一、核算生命的价值

① 请相邻的两名同学为一组，每人限时 2 分钟，向对方介绍：你的姓名、起名人、名字的含义，以及成长到现在最让你自豪的一个特点。

____

____

② 游戏：核算生命的价值。每获得一项收益，需要从成本中选择相对应的一项，思考付出成本是否值得，如图 12-1 所示。

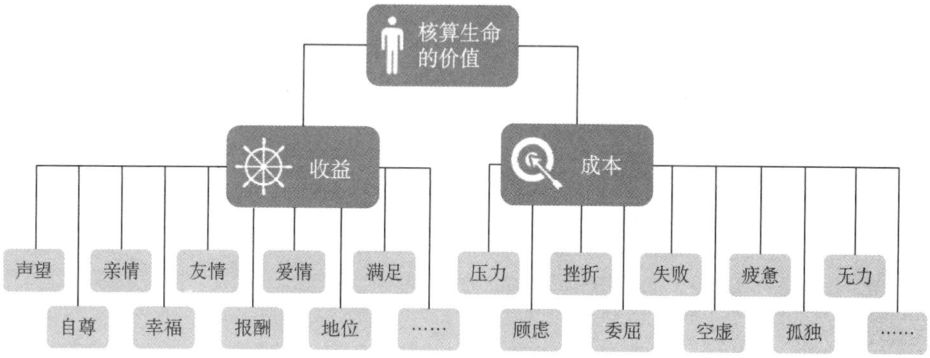

图 12-1　核算生命的价值

思考：你现在的感受如何？

____

____

二、了解自己的才能

请同学们填写附录二的“多元智能特质观察量表”。该测试共有 80 道题目，分为言语-语言智能、逻辑-数理智能、音乐-节奏智能、视觉-空间智能、身体-动觉智能、自知-自省智能、交往-交流智能和自然-观察智能 8 项才能。将分数填入表 12-2。

表 12-2　多元智能特质观察量表分数统计表

言语-语言智能	逻辑-数理智能	音乐-节奏智能	视觉-空间智能	身体-动觉智能	自知-自省智能	交往-交流智能	自然-观察智能

测试结束后，以小组为单位讨论分享以下问题。

① 这个测试让你有什么收获？

____

② 以前有没有认识到自己的这些才能？

____

③ 对你的未来有哪些启发？

____

三、“未来的我”

根据“多元智能特质观察量表”的结果，以绘画的形式合理地设计“未来的我”，然后比较与以前所设想的“未来的我”有什么不同。

未来的我

四、总结

请同学们回顾本学期“大学生心理健康教育”课程，评估截至目前自己能达到的目标。

1～10 代表不同的分值，目标完成得越好，则分值越高。请在合适的分值上打“√”，见表 12-3。

表 12-3　总结评分表

目标	1	2	3	4	5	6	7	8	9	10
团队协作										
认识自我										
情绪管理										
人际交往										
压力应对										
与父母的关系										

（续表）

目标	1	2	3	4	5	6	7	8	9	10
感恩生活										
未来规划										

① 学习这门课的经历对你个人的生活有哪些影响？

____

② 给你留下的最深刻印象的是什么？

____

③ 你喜欢本门课的哪些活动，不喜欢的是哪些？

____

④ 你生活中的哪些改变来自大学生心理健康教育课程实践活动？

____

⑤ 有什么特别的原因使你对于自己的生活、个人心理和人际关系更为了解？

____

⑥ 如果你没有参与大学生心理健康教育课程实践活动，你的生活与现在的生活会有什么不同？

____

⑦ 你对大学生心理健康教育课程实践活动中老师的教学方法有什么意见？

____

⑧ 请用一两句话来表达大学生心理健康教育课程实践活动对你的意义。

____

____

习题演练

一、单选题

1. 人的生命是(　　)的统一体。

A. 生理构造和自然本能　　B. 灵魂与肉体

C. 自然属性和社会属性　　D. 个人与社会

2. 下列哪个选项不是生命的特征？(　　)

A. 生命的完整性　　B. 生命的唯一性

C. 生命的自主性　　D. 生命的超越性

3. 下列哪个选项是生命的特征？(　　)

A. 生命的绝对性　　B. 生命的珍贵性

C. 生命的高尚性　　D. 生命的独特性

4. 将人与动物区分开的是什么？（　　）

A. 自我意识　　B. 智慧　　C. 情感　　D. 自制工具

5. 价值生命的载体是什么？（　　）

A. 自然肉体　　B. 自然生命　　C. 自然选择　　D. 灵魂

6. 自然生命的灵魂是什么？（　　）

A. 价值生命　　B. 自然肉体　　C. 自然选择　　D. 自我价值

7. 下列哪个选项不是完整的人所具备的特点？（　　）

A. 有躯体　　B. 有物质需要

C. 有思想　　D. 有良知

8. 下列哪个选项违背了生命的特征？（　　）

A. 不盲目跟风，培养自己的个性

B. 不断地挑战自我

C. 为后代规划好成长计划，合理避开风险，少走弯路

D. 做一个有追求的人

9. 下列哪个选项体现了人的自然属性？（　　）

A. 人会自制工具　　B. 人会生火

C. 人是活的生物体　　D. 人需要互相扶持

10. 下列哪个选项不能体现生命的意义？（　　）

A. 寻找自我　　B. 长命百岁　　C. 情感体验　　D. 创造奉献

11. 下列哪个选项是心理危机的特征？（　　）

A. 时间线　　B. 突发性　　C. 非医学性　　D. 复杂性

12. 下列哪个选项不属于心理危机的特征？（　　）

A. 突发性　　B. 偶然性　　C. 长久性　　D. 成长的契机

13. 下列哪个选项不是心理危机的分类？（　　）

A. 发展性危机　　B. 生活性危机　　C. 存在性危机　　D. 境遇性危机

14. 下列哪个选项不属于障碍性危机的特点？（　　）

A. 潜在性　　B. 痛苦性　　C. 人格障碍　　D. 长久性

15. 下列哪个选项不属于心理危机的表现方面？（　　）

A. 认知　　B. 生理　　C. 语言　　D. 人际关系

16. 下列哪个选项不属于心理危机带来的反应？（　　）

A. 纠结　　B. 沮丧　　C. 悲伤　　D. 震惊

17. 下列哪个选项不属于心理危机过程？（　　）

A. 冲击阶段　　B. 防御阶段　　C. 僵持阶段　　D. 成长阶段

18. 下列哪个选项不是产生心理危机的原因？（　　）

A. 认知偏差　B. 情感障碍　C. 行为偏向　D. 遭受欺凌

19. 下列哪个选项不是正确的心理危机应对措施?(　　)

A. 分散注意　B. 转嫁危机　C. 自我对话　D. 找人倾诉

20. 下列哪个选项不属于自杀的分类?(　　)

A. 利他型自杀　B. 自我型自杀　C. 宿命型自杀　D. 随意型自杀

21. 下列哪个选项不属于自杀的原因?(　　)

A. 闲着无聊　B. 没安全感　C. 假性自杀　D. 不堪重负

22. 下列哪个选项不属于自杀的预防?(　　)

A. 提升心理素质　B. 打造自己的社会支持系统

C. 参与文体活动　D. 借酒浇愁

23. 下列哪个选项不属于他人自杀的线索分类?(　　)

A. 语言线索　B. 推理线索　C. 行为线索　D. 环境线索

24. 下列哪个选项不属于自杀的并发性线索?(　　)

A. 从社团中退出　B. 经常上网

C. 抑郁征兆　D. 不满情绪

二、多选题

1. 人格中最核心的成分是(　　　)。

A. 自我意识　B. 自我觉知　C. 自我认识　D. 自我概念

2. 影响青少年情绪的客观因素有哪些?(　　　)

A. 社会环境的影响　B. 学校环境的影响

C. 家庭因素的影响　D. 人际交往受挫

3. 弗洛伊德认为,人格结构包括(　　　)。

A. 本我　B. 自我　C. 超我　D. 灵我

4. 心理急救的2个方面是(　　　)。

A. 言辞　B. 冷处理　C. 触摸来源　D. 激励

5. 对于有自杀意图和行为的来访者的应对方法是(　　　)。

A. 向来访者提供支持,及时提出建设性的处理方法

B. 争取来访者家属和朋友的协助

C. 尽可能不服用有关药物

D. 帮助来访者安然度过最危险的时期

6. 危机主要指(　　　)。

A. 突发事件　B. 空难

C. 人所处的紧急状态　D. 疾病暴发

7. 心理学研究发现,心理危机通常经历(　　　)反应阶段。

A. 冲击期　B. 防御期　C. 解决期　D. 成长期

8. 心理危机的层次有(　　　　)。

A. 感情心理危机　　B. 个体心理危机

C. 群体心理危机　　D. 社会心态危机

9. 心理危机反应主要表现在(　　　　)。

A. 生理上　　B. 情绪上　　C. 认知上　　D. 行为上

10. 心理危机的情感反应主要表现为(　　　　)、失控、易怒、自责、绝望、恐惧或悲伤。

A. 震惊　　B. 失去信心　　C. 困惑　　D. 无助

11. 心理危机中的幻觉主要是指以(　　　　)为形式再体验灾难。

A. 思维　　B. 梦境

C. 错觉　　D. 反复出现的表象

12. 社会心态危机主要表现为(　　　　)。

A. 迷茫失落　　B. 攀比失衡

C. 散布谣言　　D. 怀疑真相与人际关系冷漠

13. 群体心理危机主要表现为(　　　　)。

A. 持续焦虑　　B. 拒绝改变

C. 情绪对抗　　D. 盲目排斥与紧张骚乱

14. 心理健康的基本标准是(　　　　)以及协调的社会人际关系。

A. 良好的情绪情感体验　　B. 健全的个性心理品质

C. 正常的心理反应　　D. 清晰的自我认知系统

15. 拥有良好的情绪,需要(　　　　)以及心态平衡。

A. 心境明朗　　B. 情绪稳定

C. 适度满足　　D. 减少负荷

16. 妒火大发的人通常会(　　　　)、焦虑甚至失眠。

A. 血压升高　　B. 心跳加快

C. 肾上腺素分泌增多　　D. 免疫力变弱

17. 一个心理健康的人应具备哪些特征?(　　　　)

A. 能正确地认识和了解自己,悦纳自己

B. 情绪基本稳定,无长期的焦虑,较少有心理冲突

C. 能与他人建立和谐关系,乐于与他人交往

D. 学习成绩优异

18. 下列哪些说法属于与心理健康相对的概念?(　　　　)

A. 心理疾病　　B. 精神病

C. 心理失常　　D. 心理教育

19. 对心理发展有影响作用的包括下列哪些?(　　　　)

A. 学校教育　　B. 遗传　　C. 社会　　D. 实践活动

三、判断题

1. 人的生命是自然属性与自然生命的统一体。 (　　)
2. 人的自然属性是指人的生理构造和自然本能。 (　　)
3. 自然生命是人之所以为人的前提和基础。 (　　)
4. 人的生命不同于动物是因为人具有智慧。 (　　)
5. 生命的完整性是人的存在的一个基本特征。 (　　)
6. 人的生命具有开放性和不确定性。 (　　)
7. 每个人都是独特的存在。 (　　)
8. 生命的意义只在于创造。 (　　)
9. 人有超越的意向和姿态。 (　　)
10. 心理危机具有时间性的特征。 (　　)
11. 心理危机是医学性的。 (　　)
12. 引起心理危机的原因不能是生理上的。 (　　)
13. 心理危机是一种个人灾难。 (　　)
14. 障碍性危机最显著的特点是突然性和痛苦性。 (　　)

学、思、践、悟

习题答案

第一章

一、单选题

1～5：BCDDB　6～10：DADCC　11～15：ABBAB　16～20：CDDBD　21～25：DCBDD

二、多选题

1～5：AB　ABC　ABCD　ABCD　ABC

6～10：ABCD　ABCD　ACD　AD　ABCD

11～15：ABCD　AC　ABC　ABD　ABCD

16～19：ABCD　ABC　ABC　ABCD

三、判断题

1～5：√√×××　6～10：√√√××　11～15：×√√√×

第二章

一、单选题

1～5：BABAB　6～10：AAACB　11～15：BAAAB　16～20：ADCAC　21～25：DADCC

二、多选题

1～5：ABCD　AB　ABCD　ABC　ABC

6～10：ABCD　ABCD　ABCD　ABCD　ABCD

11～15：ABCD　ABCD　ABCD　ABCD　ABCD

16～19：ABCD　ABCD　ABCD　ABCD

三、判断题

1～5：×√√×√　6～10：√××√√　11～15：√√×√√

第三章

一、单选题

1～5:CCBBC　6～10:CBADB　11～15:CADCA　16～20:BCADB　21～25:CADAB

二、多选题

1～5:ABCD　ABCD　BC　ACD　ABC

6～10:ABCD　ABCD　BCD　ACD　ABD

11～15:AC　ABD　AD　BCD　CD

16～20:BC　ABCD　ABC　ABD　BCD

三、判断题

1～5:√××√×　6～10:√√×××　11～15:√×√××

第四章

一、单选题

1～5:BCBBD　6～10:CABDA　11～15:ACAAC　16～20:BDCBC　21～25:BADBD

二、多选题

1～5:ABD　ABCD　ABCD　ABCD　ABC

6～10:AB　CD　BCD　ACD　BC

11～15:ABC　ACD　ABD　BCD　ABC

16:ABC

三、判断题

1～5:√×√√×　6～10:×√√×√　11～15:×××√×

第五章

一、单选题

1～5:DCCBD　6～10:ADCAB　11～15:CCACC　16～20:CCCBD　21～25:BCDCB

二、多选题

1～5:ABCD　ABD　ABCD　CD　ABC

6～10:ABCD　ABCD　ABCD　ABCD　ABC

11～15:ABCD　ABCD　ABCD　ABCD　ABCD

16～19:ABD　ABC　ABCD　BCD

三、判断题

1～5:√×√×√　6～10:√×√×√　11～15:×√×√√

第六章

一、单选题

1～5:BCDDA　6～10:BCBBC　11～15:DCCBB　16～20:ADCCB
21～25:DABCA

二、多选题

1～5:ABCD　ABCD　ABCD　ABCD　ABCD

6～10:ABCD　ABCD　ABCD　ABCD　ABCD

11～15:ABC　ABD　ACD　AD　ABD

16～20:ABCD　ABCD　ABC　ABCD　ABCD

三、判断题

1～5:√√×√×　6～10:√√√√√　11～15:×√√√√

第七章

一、单选题

1～5:BBCCC　6～10:ABBDA　11～15:BABBD　16～20:ABCAB
21～24:DCAB

二、多选题

1～5:ABCD　ABCD　ABC　ABCD　AB

6～10:AB　BC　ABCD　AD　BC

11～15:AD　BCD　ABCD　ABCD　ABCD

16～19:ABC　BD　ABCD　ABCD

三、判断题

1～5:××√√√　6～10:√×√√×　11～15:√××√√

第八章

一、单选题

1～5:ADBCB　6～10:ACDCA　11～15:BBDCD　16～20:CCBDC
21～25:DDDAC

二、多选题

1～5:ABCD　AC　ABCD　ABC　AB

6～10:ABD　BC　ABCD　ABC　ABCD

11～15:BCD　ABCD　ABD　ABC　ABD

16～17:BCD　ABCD

三、判断题

1～5✓✓✓╳✓　6～10:✓✓✓╳✓　11～15✓✓✓✓✓

第九章

一、单选题

1～5:ABDBD　6～10:CACBA　11～15:BDBBC　16～17:AB

二、多选题

1～5:ACD　ABCD　ABCD　BCD　ABD

6～10:AC　ABCD　ABC　ABCD　ABCD

11～15:ABCD　ABC　ABCD　ABD　BCD

16～18:ABC　AB　ABC

三、判断题

1～5:╳✓✓✓╳　6～10:╳╳✓✓✓　11～13:╳✓✓

第十章

一、单选题

1～5:BBBDA　6～10:DAABD　11～15:DAAAC　16～20:ABCAA 21～23:DDD

二、多选题

1～5:AD　ACD　ABC　ABCD　ABCD

6～10:ABC　ABCD　AC　ABC　ABCD

11～15:ABCD　ABCD　ABCD　ABCD　ABCD

16～19:AB　ABC　ABCD　ABCD

三、判断题

1～5:╳✓✓✓✓　6～10:✓✓✓✓╳　11～13:╳╳✓

第十一章

一、单选题

1～5:ACDDD　6～10:DDDCD　11～15:BABDD　16～20:BDDDC 21～25:DAABB

二、多选题

1～5:ABCD　ABCD　ABCD　ABC　ABCD

6～10:ABC　ABCD　ABC　ABCD　ABCD

11～15:ABCD　ABC　BCD　ABCD　AC

16～20:ABCD　ABD　ABCD　AB　ABCD

三、判断题

1～5:√√×√√　6～10:×√×√×　11～15:√×√√√

第十二章

一、单选题

1～5:CBDAB　6～10:ADCCB　11～15:BDBDC　16～20:ACDBD　21～24:ADBB

二、多选题

1～5:ABCD　ABCD　ABC　AD　ABD

6～10:ABCD　ABCD　ABCD　ABCD　ABCD

11～15:ABCD　ABCD　ABCD　ABCD　ABCD

16～19:ABC　ABC　ABC　ABCD

三、判断题

1～5:×√√×√　6～10:√√×√√　11～14:××××

附录一

大五人格量表

下面是一些关于个人特征的描述。请从“非常不符合”“不太符合”“不确定”“比较符合”“非常符合”中选择你同意的程度，依次代表 1 分、2 分、3 分、4 分、5 分。

一共 60 题，回答用时约 8 分钟。

1. 我不是一个容易忧虑的人。
2. 我喜欢周围有很多朋友。
3. 我很喜欢沉浸于幻想和白日梦中，去探索、发展其中所有可能实现的东西。
4. 我尽量对每一个遇到的人彬彬有礼，非常客气。
5. 我让自己的物品经常保持整洁干净。
6. 有时候我感到愤怒，充满怨恨。
7. 我很容易笑。
8. 我喜欢培养和发展新的爱好。
9. 有时候，我会采用威胁或奉承等不同手段，去说服别人按我的意愿做事。
10. 我比较擅长为自己安排好做事进度，以便按时完成任务。
11. 当面对极大的压力时，有时我会感到好像就要垮了似的。
12. 我喜欢那些可以单独做事，不被别人打扰的工作。
13. 我对大自然和艺术中蕴含的美十分着迷。
14. 有些人觉得我有些以自我为中心，不太考虑别人的感受。
15. 许多时候，事到临头了，我才发现自己还没做好准备。
16. 我很少感觉孤独和忧郁。
17. 我很喜欢与别人聊天。
18. 我认为让学生接触有争议的学说或言论只会混淆和误导他们的思想。
19. 如果有人挑起争端，我随时准备好反击。
20. 我会尽量认真地完成一切分派给我的任务。
21. 我经常感到紧张和心神不定。
22. 我喜欢置身于激烈的活动之中。
23. 我对诗词基本上没有什么感觉。

24. 我觉得自己比大多数的人都优秀。
25. 我有一些明确的目标,并能以有条不紊的方式朝它迈进。
26. 有时我感到自己一文不值。
27. 我通常回避人多的场合。
28. 对我来说,让头脑无拘无束地想象是一件困难的事情。
29. 受到别人粗暴无礼的对待后,我会尽量原谅他们,让自己忘记这件事。
30. 开始着手学习或工作之前,我会浪费很多时间。
31. 我很少感到恐惧或焦虑。
32. 我常常感到自己精力旺盛,好像充满能量。
33. 我很少留意自己在不同环境下的情绪或感觉变化。
34. 我相信人性是善良的。
35. 我努力做事以达到自己的目标。
36. 别人对待我的方式常使我感到愤怒。
37. 我是一个乐观开朗的人。
38. 我经常体验到许多不同的感受或情绪。
39. 很多人觉得我对人有些冷淡,经常和别人保持一定距离。
40. 一旦作出承诺,我通常会贯彻到底。
41. 很多时候,当事情不顺利时,我会感到泄气,想要放弃。
42. 我不太喜欢和人聊天,很少从中获得太多乐趣。
43. 阅读一首诗或欣赏一件艺术品时,我会感到非常兴奋或喜悦。
44. 我是一个固执倔强的人。
45. 有时候,我并不是那么可靠和值得信赖。
46. 我很少感觉忧伤或沮丧。
47. 我的生活节奏很快。
48. 我对思考宇宙规律或人类生存状况没有什么兴趣。
49. 我尽量对他人做到体贴周到。
50. 我做事情总是善始善终,是一个很有能力的人。
51. 我经常感觉无助,希望有人能帮助我解决问题。
52. 我是一个十分积极活跃的人。
53. 我对许多事物都很好奇,充满求知欲。
54. 如果我不喜欢某一个人,我会让他知道。
55. 我好像总是不能把事情安排得井井有条。
56. 有时我会感到十分羞愧,以至于只想躲起来,不见任何人。
57. 我宁愿自己独自做事,而不是领导指挥别人。
58. 我喜欢研究理论和抽象的问题。

59. 如果有必要的话，我会利用别人来达到自己的目的。

60. 对于每件事，我都力求做到最好。

测量神经质的题目有：1（R）、6（R）、11、16、21（R）、26、31（R）、36、41、46、51、56。

测量外向性的题目有：2、7、12、18（R）、22（R）、27、32、37、42、47（R）、52、57。

测量开放性的题目有：3（R）、8、13（R）、17、23、28（R）、33、38、43（R）、48、53（R）、58（R）。

测量宜人性的题目有：4（R）、9（R）、14（R）、19（R）、24（R）、29、34、39、44（R）、49（R）、54（R）、59。

测量责任心的题目有：5、10、15、20（R）、25、30（R）、35、40、45、50、55、60（R）。

注：R 代表该题为反向计分。

人格维度有五类。

神经质（平均分 39 分）：指个体体验消极情绪的倾向。

神经质维度得分高的人更容易体验到诸如愤怒、焦虑、抑郁等消极的情绪。他们对外界刺激的反应比一般人强烈，对情绪的调节能力比较差，经常处于一种不良的情绪状态下。这些人思考、做决策以及有效应对外部压力的能力比较差。

神经质维度得分低的人烦恼较少，不太情绪化，比较平静，但这并不表示他们经常会有积极的情绪体验，积极情绪体验的频繁程度是外向性维度测量的主要内容。

外向性（平均分 47 分）：指个体积极投入外部世界的程度。

外向者乐于和人相处，充满活力，常常怀有积极的情绪体验。

内向者往往安静、抑制自我、谨慎，对外部世界不太感兴趣。内向者喜欢独处，内向者的独立和谨慎有时会被错认为不友好或傲慢。

开放性（平均分 43 分）：指个体想象力以及好奇心程度。

开放性得分高的人富有想象力和创造力，好奇心强，喜欢欣赏艺术，对美的事物比较敏感。开放性的人偏爱使用抽象思维，兴趣广泛。适合教授等职业。

开放性得分低的人讲求实际，偏爱常规，比较传统和保守。适合警察、销售员、服务员等职业。

宜人性（平均分 40 分）：反映个体在合作与社会和谐性方面的差异。

宜人的个体重视和他人和谐相处，因此他们体贴、友好、大方，乐于助人，愿意谦让。

不宜人的个体更加关注自己的利益，他们一般不关心他人，有时候怀疑他人的动机。不宜人的个体非常理性，很适合科学、工程、军事等要求客观决策的领域。

责任心（平均分 49 分）：指个体在目标导向和行为上的组织、坚持和动机，反映个体自我控制的程度以及延迟需求满足的能力。

责任心强的人表现为行为规范、可靠、有能力，他们似乎总是能把事情做好，处处让人感到满意。

责任心弱的人表现为行为不规范、粗心、做事效率低、不可靠。

附录二

多元智能特质观察量表

测试说明：

每道题可以选“完全不符合”“小部分符合”“部分符合”“大致符合”“完全符合”。请在每道题的对应选项处打钩(见多元智能特质观察量表)。

多元智能特质观察量表

能力	表现特质	完全不符合(1分)	小部分符合(2分)	部分符合(3分)	大致符合(4分)	完全符合(5分)
言语-语言智能	1. 掌握的词汇丰富,能够正确运用超乎年龄水平的字词					
	2. 学习语言快速					
	3. 语言表达流畅,善于描述、说故事等					
	4. 喜欢阅读超乎年龄水平的书籍,阅读理解能力佳					
	5. 对于字词的意义掌握良好,善用比喻或成语典故					
	6. 语文推理能力良好,擅长辩论演说					
	7. 说话及写作能够把握重点,具有很强的语言组织能力					
	8. 喜欢文学创作,能用文字抒发情感					
	9. 具有运用多种语言的能力					
	10. 联想能力丰富,对于文字的敏感度高					
逻辑-数理智能	1. 喜欢思考、阅读或谈论与数理相关的问题					
	2. 计算能力优异,良好掌握数字概念					
	3. 符号运用的能力优异,抽象思考能力强					
	4. 能利用图形、符号等代表或简化复杂的信息					
	5. 归纳能力强,统合能力良好					

（续表）

能力	表现特质	完全不符合（1分）	小部分符合（2分）	部分符合（3分）	大致符合（4分）	完全符合（5分）
逻辑-数理智能	6. 演绎能力强，逻辑推理清晰					
	7. 能够觉察问题，找出问题的症结所在					
	8. 能用多种方式解题，思考方式灵活					
	9. 愿意尝试超乎其年龄水平的数理题目					
	10. 喜欢动手做实验，具有独立研究的能力					
音乐-节奏智能	1. 主动接触音乐，欣赏音乐，注意音乐活动的相关信息					
	2. 经常唱歌、吹口哨、哼曲子及打拍子等					
	3. 能够运用生活当中的器材来表现音乐					
	4. 能把音乐融入日常生活					
	5. 听觉记忆超强，对听过的曲子能说出曲名或作曲者					
	6. 具有乐感、节奏感、视谱能力，能很快学会新曲子					
	7. 能够自己编曲或者改编一首歌					
	8. 擅长某种乐器的演奏					
	9. 音乐鉴赏能力佳，欣赏、评析乐曲时有独到的见解					
	10. 常是舞台上的演奏(唱)者					
视觉-空间智能	1. 平面图形推理能力良好					
	2. 立体空间透视能力良好					
	3. 绘图能力优异，作品充满意趣					
	4. 善用视觉记忆或思考，常用图形表现思考内容					
	5. 擅长图形、模型的设计					
	6. 美术鉴赏能力优秀，对于色彩、图形、与意象的感觉十分敏锐					
	7. 阅读图表、地图的能力优异					
	8. 对地理位置很清楚，在陌生的地方很快能找到方向					
	9. 善于玩拼图、迷津、积木等视觉游戏					
	10. 善于运用照相机、摄影机等拍下周围事物					

（续表）

能力	表现特质	完全不符合（1分）	小部分符合（2分）	部分符合（3分）	大致符合（4分）	完全符合（5分）
身体-动觉智能	1. 肢体动作协调，姿态优雅					
	2. 说话和交谈时，经常使用肢体动作表达意见及情感					
	3. 能用各种不同的动作，表现同一主题					
	4. 触觉优异，擅长以操作方式学习					
	5. 擅长动作模仿，拟人、拟物活泼生动					
	6. 能灵活操作工具					
	7. 能快速学习新的技能，如骑车、游泳等					
	8. 很快便能跟着音乐节拍起舞，是个优秀的表演者					
	9. 运动能力佳，是个优秀的运动员					
	10. 表演逼真，是很好的演绎戏剧的人才					
自知-自省智能	1. 了解自己的优点和缺点					
	2. 会朝自己的目标努力，不需他人督促					
	3. 能够修正自己的做事方式					
	4. 独立性强，不需依赖他人					
	5. 会自我提高，不需借助外界的反馈					
	6. 能以理性的方式面对别人的批评					
	7. 能够清楚自己在团体中所应扮演的角色					
	8. 与不同年龄背景的人相处，能够调整应对的方式					
	9. 面对团体压力，能肯定并坚持自己的意见					
	10. 能够改正自己的错误，适时融入团体					
交往-交流智能	1. 经常参加团体性活动					
	2. 朋友很多					
	3. 能够正确体察别人的情感					
	4. 清楚别人对自己的看法					
	5. 能够参与团体的讨论					
	6. 能够主动关心别人					

（续表）

能力	表现特质	完全不符合（1分）	小部分符合（2分）	部分符合（3分）	大致符合（4分）	完全符合（5分）
交往-交流智能	7. 受到同伴的尊重与喜爱					
	8. 是同伴喜欢合作的对象					
	9. 与同伴意见不同时，能够协调沟通					
	10. 常被选为班级干部或社团领袖					
自然-观察智能	1. 到户外活动时，能够细心观察自然景物，喜好发问					
	2. 对自然界的事物有浓厚的兴趣，肯关心、肯负责、肯思考					
	3. 选取与自然界的事物有关的书籍或电视节目					
	4. 参与垃圾分类与废弃物处理					
	5. 常与人分享饲养小动物或种植花草树木的心得					
	6. 尊重自然界的生命，欣赏自然景物					
	7. 喜欢搜集古董旧物，具有怀旧情怀					
	8. 喜欢以大自然为题的音乐、摄影、美术或文学作品					
	9. 经常参加关心野生动物、保护海洋水资源等公益活动					
	10. 常选择登山、健行、攀岩、露营、赏鸟等休闲活动					

评分标准："完全不符合"计1分，"小部分符合"计2分，"部分符合"计3分，"大致符合"计4分，"完全符合"计5分。每个维度最低得10分，最高得50分。45分以上代表能力优异；35～45分代表能力水平中等偏上；25～35分代表能力水平中等；15～25分代表能力水平中等偏下；15分以下代表能力低下。

参考文献

[1] 理查德·格里格. 心理学与生活[M]. 王垒,译. 20版. 北京:人民邮电出版社,2023.
[2] 吕莹璐,陆雅君. 心理健康与自我成长[M]. 苏州:苏州大学出版社,2018.
[3] 李艳. 大学生心理健康教育[M]. 北京:北京邮电大学出版社,2017.
[4] 叶浩生,杨莉萍. 心理学史[M]. 2版. 上海:华东师范大学出版社,2021.
[5] 刘丹. 高校学生心理危机的干预策略研究[J]. 才智,2024(9):113-116.
[6] 伊莎贝尔·迈尔斯,彼得·迈尔斯. 天生不同:人格类型识别和潜能开发[M]. 闫冠男,译. 北京:人民邮电出版社,2016.
[7] 美国精神医学学会. 精神障碍诊断与统计手册[M]. 5版. 北京:北京大学出版社,2024.
[8] 白楠. 当代大学生心理压力成因及对策[J]. 黑龙江科学,2021,12(9):158-159.
[9] 马小斯. 直接记忆抑制对情绪反应的影响[D]. 重庆:西南大学,2020.
[10] 王雅慧. 大学生时间管理的媒介化研究:以图书馆时空为例[D]. 重庆:西南大学,2023.
[11] 孔婵. 大学生心理健康教育现状分析与对策[J]. 山西青年,2024(7):187-189.